新版
コミュニティ・ソリューション

COMMUNITY SOLUTION

ボランタリーな問題解決に向けて

金子郁容

岩波書店

コミュニティ・ソリューション――目次

目次

エディトリアル・デザイン＝海野幸裕＋宮本 香

第一章

ふたつのコモンズ

1　指揮者のいないオーケストラ

●オルフェウス室内管弦楽団

カーネギーホールでウィーン・フィルハーモニー交響楽団を指揮していたレナード・バーンスタインは、プログラムがハイドンの交響曲八八番のフィナーレになると、やおら一歩下がり両腕を組んだ。バーンスタインの指揮棒は一度も振られることなく、演奏は見事に行われ、拍手喝采だったとのことである。

経営コンサルタントのピーター・ドラッカーが、オーケストラをメタファーとして組織経営について語ったことはよく知られている。しかし、指揮者という中枢指令塔がいる組織は、インターネット社会の組織モデルとしてはいささか古くさい。バーンスタインの話は、今でも語り草になるほど珍しい出来事であり、また、バーンスタインが絶対的な指揮者として、いかに楽団を統率し把握していたかを示すエピソードなのである。

私の友人でニューヨーク在住のチェロ奏者であるジュリアン・ファイファーが創立したオルフェウス室内管弦楽団は、指揮者のいない楽団として有名だ。その演奏はタウン・アンド・カントリー誌が「世界がこれまでその演奏を聞いた室内管弦楽団のなかでもっとも偉大」と賞賛するなど、世界的に評判が高い。日本でも何回か公演してファンが多い。私は、「さあ、これから仕事やるぞ」というときにはヘンデルの「王宮の花火の音楽」（Music for the Royal Fireworks）を、ゆったりとしたいときにはラヴェルの「クープランの墓」（Le Tombeau de Couperin）を聞いたりするのであるが、オルフェウスの奏でる曲は、ひとつひとつの楽器の音が晴れわたったお正月の寒空のように張りつめ、澄んでいる。全体としては一糸みだれぬ中にも、みずみずしさが感じられ、力強さと繊細さが同居しているところが魅力だ。

指揮者がいないといっても、オルフェウスにリーダーシップが存在しないというわけではない。ハーバード大学のJ・リチャード・ハックマン教授によれば、「オルフェウスには、他のどの組織よりも、事実上のリーダーシップが存在している」のだという。それは、どういう意味だろうか。

実は、楽団のみなが一緒にやるリハーサルの場で、どの曲については誰がリーダーシップをとるか自然に決まってくるというのだ。リハーサルの様子は、まさに、混沌から秩序が出現するプロセスそのものだ。コンサートでは、曲ごとに楽団員が座る場所が変化する。ひとりの固定的な指導者がいるのではなく、自発的なリーダーシップが交代に現われ共有される。リーダーシップの発揮というよりは、松岡正剛が言う意味でのクリエイティブな編集者の役割(1)を全員が交代で、互いに受け持っているということである。

心理学者であるハックマンは、数年間にわたって四カ国の交響楽団や室内管弦楽団のグループ心理と集団行動について他の職業との比較研究を実施した。その面白い調査結果が

（1）松岡正剛『知の編集工学』、朝日新聞社、一九九六年、を参照のこと。

ある。通常のオーケストラの楽団員は「内的モーティベーション」を調べる質問には総じて非常に高い得点をあげるのだが、「一般的な満足感」に関しては、調査の対象になった一三の職業のうちの七位、アメリカ連邦監獄の守衛の次にランクされたという。ハックマンは、これを、文化的に高い資質をもった人が絶対的な権力にしたがうことを余儀なくされるという環境では当然そうなるものであると分析している。

シンフォニーより、ポリフォニー（多声）といえるオルフェウスのほうが、これからの組織体のイメージとしてふさわしい。

数人で演奏する弦楽グループならともかく、二六人も演奏者のいるオルフェウス室内管弦楽団が、指揮者なしに整合性のある、素晴らしい演奏ができるということは、にわかには信じ難い話であろう。しかし、実際のところ、その演奏の一体感は、ニューズデイ誌が「水も漏らさぬ」と表現し、ニューヨーク・タイムズのアラン・コジンが「その正確さと統一感は、尊敬に値するだけでなく不思議でさえある」と評したように定評がある。指揮者がいないので統一がとれないというのとは逆のようだ。コジンは「これ以上指揮者が一体、なにをできるというのか」と問うのである。

歴史的には、指揮者のいない楽団は、一九二〇年代のモスクワで活躍した Persimfans や一九五〇年代のプラハ室内管弦楽団などいくつか例があったということだ。しかし、Persimfans の場合はいくらかの前衛的な試みのあとで、またプラハ室内管弦楽団ではほじめから、コンサートマスターが実質上の指揮者だった。ハックマンによれば、一九八九年以来、オルフェウス以外のすべてのメジャーなオーケストラは全権をもった指揮者が指導するという形態をとっているという。

オルフェウスは、チェリストのファイファーがコロンビア大学を卒業したときに、通常のオーケストラに所属するのは気が進まないということで仲間と一緒に一九七二年に作ったものである。正式なデビューは二年後の一九七四年。一九八〇年代には現在の、弦楽器一七、管楽器九で構成される二六人の主演奏家にそのときどきの多彩なゲストを交えるという陣容になった。中心メンバーは、いくらかの入れ替わりがあるが、だいたい定着している。しかし、全員がフリーランスである。はじめのうちは「七〇年代のフラワーチルドレンの実験」と思われていたのだが、年々支持を集めニューヨーク・シティの誇る代表的な室内管弦楽団になった。今では二六年目を迎え、八二年から始まったカーネギーホールでの定期演奏会を含めて年に七〇のコンサートを開いているオルフェウスは、これまで四〇カ国、三〇〇都市でコンサートを開催してきた。八四年からはドイツ・グラモフォン社と契約して毎年四枚のCDを出している。この契約は、カラヤン、ウィーン・フィルハーモニー、バーンスタインなどと同様の、アメリカのミュージシャンとしては破格の待遇であるという。

一九九八年にミュージカル・アメリカ誌から「アンサンブル・オブ・ザ・イヤー」に選

ばれたのをはじめとしてさまざまな賞を受賞しているオルフェウスの演奏は、雑誌ファンファーレが「この国が作り出した中で最高の室内管弦楽団」と評したなど、国内外の新聞・雑誌から第一級の賞賛を受けている。オルフェウスの演奏レパートリーは広く、ほとんどの室内管弦楽の曲の他に協奏曲、声楽・器楽作品を取り上げる。ハイドン、モーツァルトをはじめ、ヘンデルやヴィヴァルディといったバロック音楽、ドヴォルザーク、チャイコフスキーといったロマン派から、バルトークやストラヴィンスキーなど二〇世紀の古典までこなす。それぞれのメンバーの好みや曲の解釈が尊重されるからならではの幅広さである。過去におけるソロ演奏や共演者のリストには、誰もが名前を知っている超一流から有望な若手まで、世界中の多彩なミュージシャンが並んでいる。

●オルフェウスというコミュニティ・ソリューション

指揮者のいないオルフェウスが統制メカニズムなしにすばらしい一体感を作り出すことについては、共演者でさえ不思議に感じるらしい。オルフェウスとモーツァルトの曲をレコーディングしたピアニストのリチャード・グウドは「ときどき、そこには魔法のような感覚が流れる。私が何をしようとも、彼等はすぐそこにいるのだ」という感想を述べている。「彼等がなぜこんなにいつもぴったりとした呼吸で演奏できるかは、いまでも理解できないでいる」と言うのは、オルフェウスと頻繁に共演するピアニストのアルフレッド・ブレンデルである。彼はこう続ける。「その秘密は、プレーヤーが互いに感じている信頼感であり、互いの演奏や意見に懸命に耳を傾ける姿勢、そして、それぞれの演奏者が自分のパートだけでなく、曲全体についてビジョンと責任感をもっているということだ。」

オルフェウスが一筋縄では行かないということは、メンバー自身が感じているものである。若手のオーボエ奏者のマシュー・ダイヴはこう言う。「これは理解するのに骨が折れるグループです。ただのオーケストラじゃあない。コンサートをこなし、ヘンデルを演奏していればいいというわけにはゆかない。生身の人とつきあうことになる。メンバーのなかにはそりが合わないものもいるし、元恋人同士もいる。これまでのいろいろな経緯がつまっている。オルフェウスは緊迫感の高い、音楽的なだけでない社会的な関係の場だ。それは、びっくりするほどエキサイティングな経験だ。私がすることのなかで、もっとも手ごたえのある活動だ。私にとってはオルフェウスはなににも代え難いものなのです。」

オルフェウスが今の形になって以来の中心メンバーで、途中、一時自分で弦楽四重奏団を作っていたがその後オルフェウスに復帰したヴァイオリニストのマーサ・キャプランは、オルフェウスの多様性について、雑誌のインタビューでこのように述べている。

「オルフェウスの個々のメンバーはそれぞれがさまざまな芸術的なスタイルを持ち込んでいる。ある曲を今、誰か、たとえば、オーボエ奏者かクラリネット奏者がコンサートマスターとして演奏するとするでしょ。同じ曲を一年後に別のメンバーが中心となって演奏したとしたら、まったく違った音になるでしょう。」キャプランがコンサートマスターになる曲については、ほとんど通常の指揮者がすると同じような準備をするという。「スコア全部をよく勉強し、CDを聞いて全体を耳で把握します。他のミュージシャンと会う前に曲全体を盛りたてるにはどこの部分が大事かを考えます。どの楽章を重厚にし、どれをゆったりとするかとかね。私なりに曲全体のコンセプトを作り出しますが、もちろん、それは完全なコンセプトではない。他のメンバーのいろいろなアイディアを入れ込みたいから。そして、もちろん、ヴァイオリンのパートはしっかり勉強します。」

ジュリアン・ファイファーはこう言う。「われわれは楽団全体ありきではなく、個々のミュージシャンから始めている。それぞれの演奏家がインスピレーションの源です。オルフェウスの主なる目的は、すべてのメンバーが自分の声や意見が尊重され、実際に演奏に反映させることができる環境を提供することです。」ファイファーは、「指揮者に反対しているわけでは決してないのだが」と前置きしつつ、指揮者のいる普通のオーケストラについて皮肉をこめてこう言っている。「指揮者が偉大か、あるいは少なくとも無能でなければ、演奏家はしっかりと手綱をつけられています。オルフェウスではメンバーの中に潜んでいる力が手綱なしに噴き出してくるのです。二六人全員が指揮者なのです」と。

オルフェウスのメンバーはもっと率直だ。チェロ奏者のエリック・バートレットは「通常のオーケストラでは、演奏者は言われた時間にそこに行き、指揮者の言う通りに、ただうまく演奏するだけだ。それは、いわばタイピストがタイプをたたくのと同じようなものだ」と言う。同じチェリストのマイケル・ハーバーは、「通常のオーケストラは二〇〇本の腕に一つの脳がある組織体だ」と表現する。もっとも、彼がよく一緒に演奏するクリーブランド交響楽団の指揮者であるジョージ・ツェルのような例外的な才能をもった指揮者なら「オルフェウスのようなみんなでやるというやり方ではなかなか出せない奥深さを作り出すこともある」と認めつつである。

つまり、ヒエラルキーがいつでもだめだとは言っていない。しかし、オルフェウスは、オーケストラという、統一性と精密なコーディネーションが絶対的に必要とされている組織活動においても、ヒエラルキーと権力に裏打ちされた統制メカニズムなしにも十分うまく行くという可能性を実際に見せているのだ。フェリーニが彼の映画『オーケストラ・リハーサル』で描いたように、それぞれの芸術家が自分勝手に行動しはじめたらオーケストラはカオス状態に陥ってしまう。その問題を絶対的な指揮者によってコントロールすることで解決しようというのが従来のオーケストラであるとしたら、メンバーの間の密接な情報共有とアクティブなインタラクションによって「情報と関係性の共有地(コモンズ)」を作り、お互いをアーティスティックに相互編集することで解決しようというオルフェウスの方法は、われわれが本書で言っている「コミュニティ・ソリューション」のきわだったひとつの例である。

●はらはらするリハーサル

オルフェウスのコモンズの象徴は、そのリハーサルのやり方にある。プレーヤーたちはそれぞれ思い思いのラフな服装で集まってくる。指揮者のタクトを合図に演奏が始められ、あとは整然と練習が進行する。通常のオーケストラのそんな練習光景はそこにはない。あとで述べる、曲ごとに事前に決まっている「コアグループ」を中心として、少し演奏をしては誰かが口をはさみ、他人の演奏の仕方や感情の込め方にまで遠慮なく口出しし、具体的なディテイルから、そもそもこの曲の意味はなにかという大きなスケールの解釈にいたるまで、丁々発止の議論が展開される。あるときは反発し、あるときは納得し、他のメンバーの提案にそって自分のパートをそれまでとは違った調子で弾いてみせたり、あくまで自分の感性にそった弾き方にこだわったりしながら、外部者からみればはらはらするようなやり方でリハーサルが進められる。

その様子は、アカデミー賞受賞監督のアラン・ミラーの作った『現実社会のオルフェウス』というタイトルのドキュメンタリーによく描かれているのであるが、その相互編集作業とは、たとえば、こんな風である。


「はじめの部分はどんな感じで?」

「静かにやろう」

「二つめの部分も同じでは問題ありじゃないの」

「では、こんな感じかな」(ヴァイオリニストがしばし演奏する)

「違う、違う」「そう、そう」(同時にいく人かのメンバーが反応する)

「逆ではないか、二番目のところをそんなにプッシュしたいのか」

「弾くのは私だから、私がいいと感じるようにさせてよ」

「でも、われわれはそれを聞かなくてはならないのだから……」

「少し、やってみるから聞いて」（しばらくヴァイオリンの独奏）

「どうしてそうなるんだい」

「どうしてこれじゃだめなの」（しばらく演奏が続く）

「どこか違う……」

「同じ心をもってくれれば……」

「ほっといてくれよ」

「やはり、これで行きたい」（くだんのヴァイオリニストの演奏）

「イエイ、イエイ」（賞賛のかけ声と拍手）

「えーと、ここらで次の節に行きますよ」

「でも、そこの人たち、ちょっと消極的になっていない？」

「そうかな、いつ？」

「自分が弾いてないときでも、こう、ぐっと全面に出るような気持ちでないと」

「ずっと参加してくれということかな」……


リハーサルはだいたい、一回のセッションが二時間半ほど続くという。その間中、言葉と実際の演奏による、こんな緊迫感あふれる場面が次から次に展開される。率直で思うがままで、時には傷つけ合っているとさえ思えるようなプロセスがそこにはある。しかし、それぞれが勝手に言いたいことを言っているようで、周りの空気を見ながらそれぞれの主張を変えたりひっこめたりするルールが共有されている。議論がかみ合わないと分かったときは、コアグループが事態を収拾するというロール（役割）を担っている。それを全員が認めている。そして、微妙なタイミングで議論は収拾し、音楽が編集され、磨きがかけられ、でき上がって行く。

それぞれが主張し合っているようで、実は、それぞれが相手の意見や音をよく聞いているのだ。「オルフェウスとは、互いに耳を傾けることに尽きる」とエリック・バートレットは言う。キャプランはこう言う。「私以外のヴァイオリニストを見るとそれぞれがものすごくユニークで、ああ、私もあんな風に弾けたらと思う特別のものをもっている。そして、他のヴァイオリニストも私のことを同じように感じてくれているといいなと思う。結局のところ、このグループを前に進ませているのは、相互信頼なのです。」

オルフェウスがひとりひとりのメンバーの自発的な意思とインタラクションを尊重するのはリハーサルのときだけではない。コンサートで演奏する曲の選択や、舞台での最終的な演出も団員が話し合って決めて行く。会場でのフルリハーサルのときは、団員が交代で観客席に降り、全体のバランスや雰囲気をチェックして舞台の上の団員にフィードバックする。レコーディングのときは二六人全員がコントロール・ブースに入ってデモテープを

オルフェウス室内管弦楽団

オルフェウスの創始者でチェリストのジュリアン・ファイファー

微妙なタイミングで議論が収拾する
—オルフェウスのリハーサル風景

聞き、レコーディングのプロデューサーを交えて、また、はらはらするようなディスカッションが行われる。相互編集作業は常に行われている。

その結果、ニューヨーク・タイムズのバナード・ホランドが「オルフェウスのこの優しさと柔軟さを作り出しているのは、メンバーの音楽家それぞれの独立したパーソナリティと、それを自分自身で表現することでできる小宇宙の集まりなのだ」と評する類まれなハーモニーが出現するのである。

オルフェウスではミュージシャンは指揮者の指示を仰ぐのではなく、お互いを聞く。それぞれが全体に対してコミットし、お互いの音楽的感覚とインスピレーションを頼りにすることで成立しているのである。

●ルールとロール

このようなやり方は、オルフェウスが発見したものではない。コンサートの曲目をメンバーがみなで決めたり、それぞれの曲の解釈を練習中にいろいろ言い合って決めて行くというやり方は、実は、昔の室内音楽ではごく一般的なものだったという。西村朗はオルフェウスをして「室内楽演奏の基本をオーケストラに持ち込んだもの」と言っている。ジェームズ・トラウブによるニューヨーカー・マガジンに掲載された解説によれば、モーツァルトやハイドンの時代のオーケストラはみなそうであり、オルフェウスはプレロマン主義の演奏表現のモデルを踏襲するものであるのだという。オーケストラが今のようになったのはベートーヴェンあたりからで、特に、ワグナーを経てトスカニーニで指揮者の絶対権力によるヒエラルキー・モデルが完成され、今に至るというわけだ。

モーツァルト時代の伝統を現代に引き継ぐためには、オルフェウスは四半世紀を越えるその演奏活動のなかで、オルフェウス自身の伝統を作ってきた。そこには、一定のルールとロールが自発的に発生し、それをコミュニティの共同知として蓄積してきた歴史がある。

オルフェウスができたばかりでメンバーがみな若者であったときは、すべての曲について全員が参加してはじめから議論し、しばしばリハーサルが夜を徹して続いたという。いろいろな試行錯誤のなかで、物事をスムーズに運ぶために、次のような方法が固まってきた。それぞれの曲について、コンサートマスターが選ばれ、その人を含めて各パートからの代表が選ばれて「コア」と呼ばれる小グループが作られる。まずは、このコアが集まって、曲の解釈や基本コンセプトを決め、どのように演奏されるべきかの大枠を仮に決める。その「仮止め情報」を携えて全員のリハーサルに入るのである。

コンサートにおいて誰が演奏を引っぱって行くかについては、必ずしも、このコアグループのメンバーがその役目を担うとは限らない。演奏開始のキュー（合図）はコンサートマスターが出すことになっているが、それ以外の展開のきっかけとなるもっと微妙なキュー出しをするのが誰になるかは、リハーサル中のやりとりのなかで自然に決まってくる。たとえば、モーツァルト交響曲四〇番Gマイナーの出だしはヴィオラが主導する、バルトークの弦楽のためのディベルティメント第二楽章のオープニングはチェリストがキューを出す。そして、ストラヴィンスキーのパルチネーラ組曲のガボットとバリエーションを通してのキューは、管楽器奏者がつぎつぎに行う、という具合だ。

リハーサルのプロセスでは、混沌のなかに自発的な秩序を作るためのいくつかの具体的なルールが、長年一緒にやってきた経験からできている。激しいやりとりはするが、面と向かっての対立はしない、いつも他の人に対してオープンでなくてはならないという基本ルールがある。複数の解釈に基づく意見の違いがリハーサルのプロセスで問題になったときには、コアが「これはすでにわれわれのなかでさんざん試してみて、このような結論になったのだ」と言えば、たいていはそれで収まる。コアはコア以外の他のメンバーの意見にはいつもオープンであるが、議論が煮つまったときにはコアが主導する。このようなルールが全体に共有されているのだ。

コアグループのロールについてもしかりである。全体の承認があってはじめてパワーを持つことができる。忘れてはならないことは、このロールは固定的なものではなく、それぞれの曲目によって別のグループが選ばれるということだ。ルールとロールがメンバー全員によって場面場面に応じて共有される、これはコミュニティの共同知である。

●フラジャイルな存在

オルフェウスでは、いつでもさまざまな悩みを抱えている。ルールを破っても強権発動をする絶対的リーダーはいないから、問題を起こす人に対しては頭からダメとは言えない。みながルールを守っているときに、ひとりルール破りをする人がでれば、その人が優勢になる。経済学で言うところのフリーライダー（ただ乗りする人）である。フリーライダーに対しては、共有されているルールをとにかく思い出してもらって自発的な解決を目指すか、それで足りなければ、みなが納得する形での新しいルールを自分たちで作って行くことで対応するしかない。

一九八〇年代に一度、あるヴァイオリニストがコンサートマスターになったときには必ず、非常に専制的な行動をとるという問題が発生したことがあったという。このメンバーには一時的にコンサートマスターになるローテーションから外れることが要請されたが、結局は、彼女自身がオルフェウスを辞めたという。

また、こんなこともあった。オルフェウスは中心メンバーはかなり安定しているとはいえ、みな完全なフリーランスである。それぞれが他の楽団ならソロをとれるような人材が集まっているので、引く手あまたであり、実際、ほとんどのメンバーは他の楽団とも定期的に演奏をしたり、ジュリアード音楽院、マンハッタン音楽学校、イェール大学、コロンビア大学を含む著名校で教鞭をとっている。そのことは、結果として団員と共有する時間が少なくなることを意味し、楽団の結束を弱めることになる。一九九五年には、オルフェウスメンバーでいるには、各メンバーはオルフェウスのコンサートやレコーディングの少なくとも三五％に参加しなくてはならないという「最低参加ルール」を合意のうえ作った。

コミュニティの特徴は、ルールとロールの自生である。

組織論の観点からして興味深いのは、絶対的な権限によって運営されていない組織におけるこのようなルールやロールは、みながそれを尊重するという意思がなければ意味がないということだ。オルフェウスということではじめてコミュニティは自分で作り出したルールをそれぞれのメンバーが遵守するということでコミュニティとして成立するのである。別の言い方をすれば、自生したルールとロールを尊重する人たちの範囲がコミュニティの境界線を形成するということであり、オルフェウスの例がそうであるように、コミュニティが自発的に作ってきたロールやルールが、そのコミュニティの共有財産なのである。

経済学者のフリードリッヒ・フォン・ハイエクは伝統社会の在り方に言及して、「重要なのは、ある文化に育った人々はすべて自分自身の中にルールを見出し、自分がそのルールにしたがって行動していることを発見できるものだ」と言っている。これは、『想像の共同体』を書いたベネディクト・アンダーソンが「コミュニティはイマジナリー・メモリーによって維持される」と言ったのと同じ主旨である。そのようなイマジナリーな情報の共有と共同利用によって形作られてきたコモンズを基盤とするのが、本書でわれわれがコミュニティ・ソリューションと呼んでいる問題解決の方法である。

オルフェウスはフラジャイルな、壊れやすい存在である。その音楽の素晴らしさの背後にはさまざまな悩みがあり、また、大げさに言えば、いつ組織存続の危機が起こっても不思議はない。

ジェームズ・トラウブは、「自由はその代償としてかなりのコストがかかるものだ」と述べている。「オルフェウスは心理的にデリケートな集団で、メンバーの間に刻まれた古傷がときおり頭をもたげてくる」のだ。ユニークなリハーサルの様子は先に紹介した。ワクワクするようなダイナミックなプロセスである。しかし、そのようなプロセスは時間がかかる。指揮者が自分の解釈をもって指導力を発揮すれば面倒はない。あとは、タイプをうまく打てばいいのである。あるメンバーが言うように「普通のオーケストラではわれわれのように、一つのアプローチをするのに、五つの別のやり方を試してみるなんて効率の悪いことはしない」というわけである。

実際、オルフェウスは二時間のコンサートの準備をするのに三〇時間もの時間をリハーサルなどに使う。普通のオーケストラの二倍から三倍の時間をかけていることになるらしい。「しかし」とトラウブは言う、「このような労を厭わないプロセスを経てビジョンを共有しているからこそ、オルフェウスの類まれな音楽があるのだ」と。われわれは本書で、コミュニティ・ソリューションのためのひとつのキーワードは「弱さの強さ」を発生させることだと主張することになる。オルフェウスのこのようなプロセスによって得られる力は、弱さの強さのひとつの典型例である。

●経済圏の成立

悩みは時間だけではない。先に、全体で共有されているルールを破って権威的に振る舞うヴァイオリニストが結局楽団を辞めることになったというエピソードを紹介した。その逆もある。これも八〇年代に実際にあったことだが、二人のメンバーがリーダーシップを発揮できないということで、コンサートマスターになるローテーションから外された。ヴィオラ奏者のナルド・ポイはそのときのことを「非常に辛い問題だった」と振り返る。その二人は、創立当初からのメンバーだった。

オルフェウスが経験してきたうちで最大の危機とされているのは、一九九二年に団員の一部が報酬について不満をもち、アメリカ音楽家協会を代理人として賃金交渉をしようとしたときである。コミュニティとして機能してきたオルフェウスが、時代遅れの企業のように労働側と経営側に二分されようとしたのだ。このときは、オルフェウスの有力な理事が、そのようなことが起こったら理事を辞任すると牽制し、団員はそれで考え直した。コントラバス・プレーヤーのフランク・モレリは、このときは「オルフェウスもこれでおしまいかと思った」と後で述べている。結局、給与検討委員会を作ってそこで話し合うということになった。

それでもオルフェウスに割かねばならない時間と要求されるコミットメントを考えると、十分な報酬を得ていないという思いはメンバーの中に根強いといわれる。当然ながら、通常のオーケストラの三倍時間をかけるといっても給与を三倍にすることはできない相談だ。

生計を立てるには、他の収入源を持たねばならないが、そのことがオルフェウスへのコミットメントを低くしてしまうという悪循環がある。たとえば、フランク・モレリはオルフェウスの他、八つの楽団で演奏をし、そのうえ、大学でかなりのコマ数を教えている。

ヴァイオリニストのギレルモ・フィギュオラはオルフェウスの最初のころからのメンバーで、あらゆる意味で楽団の中心的存在である。そのフィギュオラが、ニューヨーク・バレーオーケストラのコンサートマスターの職に就いた。このことは、オルフェウスメンバー全員に大きなショックを与えたらしい。現在では、フィギュオラはオルフェウスのメンバーではあるがかなり絞り込んだスケジュールで演奏活動に参加している。ジュリアン・ファイファーは、フィギュオラが「かけもち」をすることを決めたことについて「オルフェウスメンバーは一生つづく家族のようなものだという考え方が一瞬にして揺らいだ」と述べている。

この他のほとんどの団員もオルフェウス以外の楽団や大学にかかわっている。しかし、考えてみれば、これらのメンバーがそのような仕事に就けるのは、オルフェウスでの仕事が評価されたという側面も大きいであろう。見方を変えれば、オルフェウスというコモンズが、彼らや彼女らを縛りつけることのない、原則として自由に出入りのできる場を提供している一方で、メンバーたちによる、オルフェウス周辺での「経済活動」が回っているということだ。オルフェウスそのもので完結するのではなく、その周りを含んだ広い「経済圏」が成立していると考えられる。このことが、実は、本書で何度も示唆される「ボランタリー経済」のひとつの特徴である。

●ボランタリーな悩みと力

ジュリアン・ファイファーがオルフェウスを創設したのは、彼自身の言葉によれば「指揮者という一人の人間の意見と感情を呑み込むのではなく、ひとりひとりのエネルギーを最大限に生かし、仲間のアーティストからの批判と容認を得ながら、他でもない自分自身の在り方に責任をもちたい」からだ。しかし、皮肉なことに、オルフェウスの成功が、ファイファーを「仲間」の一人ではなくしてしまった。一九九〇年にファイファーはオルフェウスでのチェロ演奏を辞めて経営責任者となった。それ以来、ファイファーは、団員にとっては、いわば「ホワイトカラーのボス」となった。

ひとりのメンバーはこういう。「ジュリアンと親しくなることは難しい。何故かと言えば、彼は私にとって待遇や給与についての交渉相手だからだ。われわれミュージシャンの悩みを、もうジュリアンは共有していない。」ファイファーを楽団の経営から離そうという提案もメンバーからときどき出てくる。ファイファー自身も、楽団員からときおり彼に対して非常に冷めた嫌悪のような感情が向けられることを感じている。そして、メンバーに「ジュリアンは、もう、われわれの悩みは共有していない」と言われることは、ファイファーにとって、辛いことであろう。私は、あとで紹介するＶＣＯＭをはじめとして、いくつかのボランタリーな組織を運営してきた。私のやっていることはファイファーのオルフェウスと比べれば、ほんのささやかなものであるが、ボランタリーな組織を運営することの悩みと辛さは多少経験している。だから、彼の悩みは想像がつく。

最後に、ピアニストでクラリネット奏者である母をもつジュリアン・ファイファーの言葉を紹介しよう。キーノート誌（一九八二年一二月号）に掲載された"Artist's Life"というタイトルのエッセイを私が編集したものである。なお、ジュリアン・ファイファーは一九九九年夏にオルフェウスの経営責任者を辞した。現在では、音楽を子どもに教えるための革新的プログラムを創出するための組織を作曲家のブルース・アドルフとともに設立し、また、二〇〇四年秋にベニスで音楽祭を立ち上げるための準備に奔走しているという。

私は、他の人たちとのインタラクションの中で自由にその創造性を発揮できるときに人が発揮する力がものすごいものであることを、いまだに信じています。子どものころプロのアイスホッケーの試合を見に行ったときのことです。ニューヨークのホームチームが得点を入れたときに何千人という観客が一緒になって喜ぶ姿に圧倒され、びっくりしました。観客はそれぞれが叫び、声援し、手をたたくだけでなく、周りにいる知らない人同士が喜び合い、互いをたたかめ合っているのです。このような自発的にまとまったエネルギーにあふれたコミュニティというのが、オルフェウスがめざすものです。

指揮者がいるオーケストラでは、コミュニケーションはたいてい、指揮者と演奏者のあいだの縦型で一方的なものです。演奏者は、ときどき指揮者やセクションリーダーに質問をすることがありますが、他の演奏者の音色やある一節をどのように表現するかなどについて意見を言うことはありません。オルフェウスではコミュニケーションは横型です。したがって、そこには、二つの耳の代わりに五二の耳によってオーケストラ中に生まれる提案や批判のためのコミュニティができるのです。

しかし、自由を発揮するには、その分、責任を負うことになります。オルフェウスでは、その責任というのは、自分がコミュニティに貢献するということ、思慮深くし、かつしっかりと意見を主張すること、そして、いつでも忍耐強くあるということです。われわれに課せられたこの責任の重さやリハーサルでときどき経験するフラストレーションは、人々が喜びを分かち合い、人間の深いところからくる表現を共有する、バリアーのない貴重な瞬間が得られることで十分に価値のあるものとなるのです。

2 コモンズのルール、ロール、ツール

●リナックス方式

オルフェウスは、絶対的な存在である指揮者を持たずに、自発性と相互信頼に基づくことで、統制のとれた、しかも、みずみずしい音楽を作り出していた。権限だけでものごとを進めるというやり方が時代に適合しなくなっているインターネット社会において、そん

なオルフェウスは、これからの時代にふさわしいコミュニティ・モデルを提供するだろう。しかし、オルフェウスのような特殊なグループが他の組織の参考になるのだろうか。

たしかに、オルフェウスは歴史的にみてもほとんど例がない類まれな存在である。しかし、それは、オーケストラの世界での話だ。目を他の世界に転ずれば、実は、オルフェウスが象徴する新しい組織体がそこここに存在し、目覚ましい成果を上げていることに気付く。

コンピュータ・ソフトウェア開発の分野でも、この数年で、今までにない新しいコミュニティ型のアプローチが大きな成果を上げていて、大いに注目されている。新聞などで名前だけは目にしたことがあるのではないかと思うが、リナックス（LINUX）と呼ばれるソフトウェアだ(2)。リナックスがどんなものかについてはあとで詳しく説明するが、ユニックス系のOS（オペレーティング・システム）カーネル、つまり、コンピュータが作動するうえでの中核部分にあたる基本ソフトウェアである。インターネットにアクセスできる人なら、誰でも無料で手に入れられる。技術力のある人なら、そのようにしてただで手に入れたソフトをいかようにも書き換え、しかも、それをまた配布できる。

リナックスが注目されているのは、それがただであるということだけではない。それより、コンピュータのOSという複雑で大きなシステムが、インターネットを介して、中心部だけで数百人の、周辺部までいれると、たぶん数千かそれ以上にのぼるプログラマーがそれぞれ自発的に参加して、文字どおりよってたかって作っているものだということだ。

（2）LINUXの読み方に関しては諸説ある。本書では、日本でももっとも頻繁に使われている表記としてリナックスを採用する（★1）。

★1　http://pcwave3.ee.uec.ac.jp/Hasegawa/yklinux/

それぞれが気に入ったハードウェアの上でリナックスを走らせようと、さまざまな開発グループが自発的にできている。誰かがシステムの不具合を見つけてインターネットでアナウンスすると、翌日には誰かが解決策を考え出してシステムに追加する「パッチ」を作る。面白い提案があれば、世界中からわれぞと思う人が集まって、ものすごい勢いで実現させてしまう。

これらの動きは、中央がすべて統制しているわけではない。リナックスの提案者であるリーナス・トーヴァルズ（Linus Torvalds）は、リナックスの中心部分についての変更の提案を採択するかどうか最終的に決定するだけで、それ以外は、世界中の有志が、勝手に、しかし、それぞれが周りの動きに敏感に反応しながら、それぞれ自分の意思で動くことによって全体の秩序を作って行っているという。エリック・レイモンドが「リナックス・コミュニティ」と呼んだ分散的コミュニティが形成され、アメーバのように動いている。

これら、無償でアイディアと情報と技術力を持ち寄ったボランティアたちが作り上げつつあるリナックスが、いまや、一般ユーザーに広く使われるまでになった。ＩＢＭなどの大手コンピューター・メーカーもリナックスを搭載したパソコンの販売をはじめている。難しいと言われてきたインストールや設定作業も日進月歩で分かりやすいものになってきている。リナックスは、一部の「技術おたく」のものではなくなっている。

リナックスが一九九八年になって、特に注目されるようになった原因に、一つの「秘密文書」の存在がマスコミで面白おかしく扱われたということがある。一九九八年の秋に通称「ハロウィーン文章」と呼ばれる論文がインターネット上で「暴露」された。暴露と言ったのは、その文章はマイクロソフト社のあるエンジニアが執筆したとされている社内用の文章だったからだ。それはそれとして、その文章では、綿密な分析の結果、リナックスを作り出しているプロセスはすばらしい勢いをもっており、また、ソフトウェアのシェア争いという戦略的視点からしても、リナックスはマイクロソフト社にとって侮れない存在であるという指摘がなされている。

社外秘が漏れたという噂とあいまって、圧倒的な市場シェアを誇るマイクロソフト社の存在を快くなく思っている人々が、「悪の象徴＝マイクロソフト」に立ち向かう「正義の味方＝リナックス」という単純な構図を想定して、ホームページ上でいろいろ面白おかしくコメントした。一部のマスコミもそれに便乗した。そんなことで、ソフトウェア開発者

"I knew I was the best programmer in the world. Every 21-year-old programmer knows that. 'How hard can it be, it's just an operating system?'"

-- *Linus Torvalds*

リーナスとマスコットのペンギン（『コンピュータ・ワールド』でのインタビューより：★1）

★1　http://www.computerworld.com/home/features.nsf/all/980817linus

の業界にとどまらず、広く一般の関心をかきたてることになった。

いうまでもないが、マイクロソフトは世界中のほとんどの企業が目指している、またアメリカ諸大学のビジネススクールが教える営利組織としての世界戦略を、巧みに、タイムリーに実施しているだけである。その結果、大成功を収めているにすぎない。それを「悪の象徴」と呼ぶなら、これまでに成功したほとんどの大企業は悪の象徴になる。

物事の表面だけでなく本質を見る人にとっては、マイクロソフトかリナックスかという比較そのものはそれほど重要なものではない。もっと大事なことは、マイクロソフトに代表される従来のソフトウェア企業がこれまでとってきたソフトウェア生産方法とは際立って異なり、かつ、現実の展開をみると非常に有効なリナックス方式というアプローチが出現してきたということである。

古参のハッカー(3)であるエリック・レイモンドは、『伽藍とバザール』という文章をインターネット上に発表した。マイクロソフト社に代表される企業における、綿密に計画され、管理されたソフトウェア開発のやり方（＝伽藍方式）と、リナックスの開発に代表される、みながよってたかってボランタリーに作って行くというアプローチ（＝バザール方式）を対比させたものだ(4)。この文章は、関係者の間では非常によく読まれており、ソフトウェア開発の世界では大きな影響力を与えたものだ。

ここで、読者はすぐに気付くであろうが、「伽藍」vs「バザール」という対比は、ほとんどそのまま、「指揮者のいるオーケストラ」vs「オルフェウス」である。

（3）元来、ハッカーとは問題をクリエイティブに解決し、自由とボランタリーな相互協力を信じている人であり、システムの破壊など人に迷惑がかかることを面白がって行うクラッカーとは区別すべきである。この意味でハッカーという言葉を使うことにする。本書ではエリック・レイモンドによる"How to Become a Hacker"を参照（★1）。

（4）『伽藍とバザール（The Cathedral and the Bazaar）』（★2）

●時代のうねり

インターネットの世界では、これまでも、無料で使えるソフトウェアはたくさんあった。複数の人がネットワーク上で共同してソフトウェアを開発するということ自体は珍しくはない。しかし、レイモンドが指摘するように、リナックスのような大がかりで、たくさんの人が自由参加するボランタリー・コミュニティ型のソフトウェア開発は、これまで、例のないものである。つまり、リナックスも、大規模なソフトウェア開発の世界においては、(少なくとも今のところ) 珍しい成功事例なのである。

オルフェウスはオーケストラの世界で、リナックスはソフトウェアの共同開発の世界で、それぞれ、魅力のある、ユニークな存在である。それらが「ユニークだ」というのは、とりもなおさず、それぞれの分野での従来のやり方にイノベーションをもたらしているということである。そして、そのどちらも、世界中がインターネットでつながれ、さまざまな情報が共有され、人をあてにするのではなく自分から進んで問題にかかわることが必要になり、条件さえ揃えば会ったこともない人ともいとも簡単にコラボレーションができるようになるこれからの社会にとって、きわめて重要な意味をもつものである。それぞれの世界でユニークな、このような新しい動きは、実は、今、たくさんの分野で同時進行中である。

本書で、われわれは、そのような大きなうねり、これからのインターネット社会を動かして行く主要な「エンジン」とでもいうべき時代のうねりが、それぞれの分野で頭を覗か

★1 http://www.tuxedo.org/~esr/faqs/hacker-howto.html
★2 http://www.tuxedo.org/~esr/writings/cathedral-bazaar/cathedral-bazaar.html

せている先駆けを見てゆくことになる。それらの新しい動きは、あるいは、コンピュータの分野で、あるいは高齢者福祉サービスの分野で、あるいは教育や医療の分野で、金属疲労して機能しなくなってきた既存の組織や機構が対応することができないでいるさまざまな問題を、情報の共有と共同資源化というイノベーティブなやり方ですでに解決している。それが、本書のタイトルにある「コミュニティ・ソリューション」である。

コミュニティ・ソリューションの背後には、問題解決のベースになる当事者たちのコミュニティがある。そのコミュニティにうごめく情報と関係の共有の場が、これまで何回か出てきた(ボランタリーな)「コモンズ」である(5)。本書では、いろいろな分野ですでに発進している、コミュニティ・ソリューションとその基盤になっているボランタリー・コモンズの例を紹介してゆく。

その一方で、コミュニティ・ソリューションが必要になった時代的背景を説明し、また、コミュニティ・ソリューションを支える考え方や理論について分かりやすく述べる。さらに、インターネット社会においては、信用の提供ということが重要な課題になってくることを指摘し、相互的な信用を提供するひとつの有力なアプローチとしてコミュニティ・ソリューションがあるという議論を展開する。

ひとつの特定のコモンズについてのコミュニティ・ソリューションでは解決できない問題もたくさんある。グローバルな問題解決のアプローチも視野に入れなくてはならない。グローバルな方向性とコミュニティ指向の共存については次の章で議論し、そのうえで、

(5) コミュニティでもコモンズでもいいのだが、われわれとしては、具体的なものについてコミュニティといい、ある一定の性質をもっているいろいろな分野で存在するコミュニティをひとつにまとめてコモンズと呼ぶことが多い。

最後の章で、地域コミュニティや個人の力が、世界を覆うグローバル・スタンダードにどう影響を与え、それからどういう影響を受けるかについて、食と森林の認証という観点からお話しする。

本節の残りの部分では、われわれがボランタリー・コモンズと言っているもの、および、それに支えられるコミュニティ・ソリューションとはどんなものか、大ざっぱなところを説明しておこう(6)。

(6) ボランタリー・コモンズや以下でお話しするボランタリー経済については、松岡正剛・下河辺淳らとの共著『ボランタリー経済の誕生』(実業之日本社、一九九八年)に詳しく述べてあるので、そちらも参考にしていただきたい。

本書でわれわれがボランタリー・コモンズと呼ぶ——たいていは略してコモンズと呼ぶ——ものの基本は、自発性、相互性、関係性、そして、相互編集性である。コモンズは、次のような一連のことが起こり、それらの連なりがサイクルとなって回っている場である。

・人々が自発的に集まり、情報、技術、問題などを持ち寄る
・共有された情報が編集され、そのことでコミュニティの何かが変化し、新しい関係や意味が出現する
・持ち寄った情報や変化の経験が、蓄積され、共有資源となる
・具体的な成果が上がり、各自が果実を持ち帰る(それが誘因となって、最初のステップに戻って、サイクルが回る)

このサイクルは、オルフェウスやリナックスを巡るムーブメントを考えていただければだいたいイメージが湧くであろう。オルフェウスを例にとって少し詳しくみてみよう。オルフェウスの中心メンバーはほぼ定着しているが、基本的にはフリーランスである。簡単なことではないにしても、辞めたいときにはいつでも辞められる。そして、マーサ・キャプランが言っているように、オルフェウスというコモンズに「個々のメンバーはそれぞれがさまざまな芸術的なスタイルを持ち込んでいる」のである。

オルフェウスで情報が編集される主な場はリハーサルである。ミュージシャンたちは、指揮者に言われて「タイプを打つ」のではなく、互いに関心をもち、互いの意見や音に注意深く耳を傾け、互いに働きかけ、緊張感のあるやりとりのなかで常に新しい関係を作って行く。それはオープンで自由なやりとりではあるが、そこには、全員がコモンズとして共有するやり方や決まり事がある。そのようなルールやロールは長年の経験によって形成され、蓄積され、問題が起こりそうになったり、議論の収拾がつかなくなったりすると自発的に発動される。そのような相互編集プロセスを経ることによって、世界中から賞賛されてきたオルフェウスの音楽という、目に見える（あるいは、耳に聞こえるというべきか）果実が得られるのである。

ボランタリーに形成されたコモンズにおいてひとつ重要なキーワードは「弱さの強さ」である。オルフェウスがきわめてフラジャイルな存在であることは何回も指摘した。そして、ジェームズ・トラウブが言うように、その弱さを共有してこそ「オルフェウスの類まれな音楽があるのだ。」人が命令によって動くのではなく自発的に行動するときには、必ずや、ある種の「弱さ」が発生するものだ。ボランタリー・コモンズにおいては、その弱さを相互編集することによって力と新しい価値が出てくる。それが、オルフェウスやこれから説明するリナックスが、どちらも、「きわめてユニークだ」と呼ばれる由縁である。

ヒエラルキー組織の場合は、組織がどう運営され、どう機能するかを知るには、義務と権利、地位と権限、責任の分掌、命令系統と報告など、古典的な組織論の本(7)を見ると出ている条件を記述すればいい。自発性と相互性に基づくコモンズの場合は、そうは行かない。コモンズがどのように形成され運営されるかを知るためには、オルフェウスの記述を思い出していただくと分かるとおり、次の五つがキーワードになる。

(7) たとえば、マックス・ウェーバーの『官僚制』(阿閉吉男・脇圭平訳)、恒星社厚生閣、一九八七年や、ハーバート・サイモンの『経営行動―経営組織における意思決定プロセスの研究』(松田武彦・高柳暁ほか訳)、ダイヤモンド社、一九八九年、を参照。

・ルール＝自生した規則性
・ロール＝自発的にわりふられた役割性
・ツール＝コミュニケーションのための道具性
・弱さの強さ
・相互編集プロセスと編集者

コモンズが具体的な成果を上げるということが、本書の基本テーマである「コミュニティ・ソリューション」の由縁である。また、イノベーションによって、目に見える、具体的な成果が上がるということは、そこに(広い意味での)経済が発生する可能性が生まれるということを意味する。そのようにして出現するのが、「ボランタリー経済」である。

3 リナックスの「弱さの強さ」──フリーソフトが世界を転覆させる?

●ソフトウェアの多様な世界

コンピュータ・ソフトとはお店で買ってくるものだけだと思っているとしたら、あなたは、かなり「おじさん度」が高いといっていいだろう。世の中に存在するソフトウェアのうち、お店で売っているものは、さまざまな流通形態を経てユーザーの手に渡るソフトウェアのうちのひとつでしかない。インターネットをよく使う人なら、いろいろなソフトウエアを無料でダウンロードして利用しているであろう。商用ソフトを「お試し期間」中に無料でダウンロードさせるケースも多い。インターネット上には、無料(フリー)で使えるだけでなく、もともとのプログラム自体が公開されているので、それをコピーしてくれば、自分のニーズに合わせて(もちろん、プログラミングができればであるが)いかようにも自由(フリー)に書き換えることができるというフリーなソフトウェアであふれている。

実際、パソコン通信のベテランなら、通信ソフトやファイル圧縮ソフトなど、フリーなソフトを多用してきたことだろう。世の中にでまわっているソフトのうちかなりの割合のものは「使ってみて気に入ったら料金を支払ってくれ」というシェアウェアとして提供されている。

コンピュータ・ソフトウェアの世界は、自動車や野菜を買うとか、バスに乗ったり、レンタル・ビデオショップでビデオを借りたり、Yシャツを洗濯に出すといった、通常われわれが慣れ親しんでいる商品やサービスの世界とは、かなり異なる、もっともっと多様なものになっている。リナックスの話が面白いのは、その多様性のなかで、世界中の何千という人の、基本的にはボランタリーな行為が、中央集権的な組織をまったくもたずにそれなりに秩序を形成して（「コモンズ」を成立させて）いるということ、それに、ボランタリーな核の周辺にさまざまなビジネスが発生しているということである。

ソフトウェアの世界が通常の商品と比べて多様になりえるのは、ひとつには、デジタル情報はコピーされやすいということがある。もっというなら、情報はコピーされたがっている。そこにインターネットの普及が重なった。たくさんの人がソフトウェアをコピーしあい、アイディアを共有し、議論し、提案し、賛成し、反対し、……という、まさにオルフェウスのリハーサルのような場がグローバルなスケールでいくつも出現しているのである。インターネットがそのための格好のツールを提供している。そうすると、企業が売った商品に対して責任をとるというやり方ではなく、コモンズに自発的に参加しているボランティアたちのインタラクションや共有された知恵の集積としての共同知にみなで信頼を置くというやり方が現実的なアプローチを提供するということが起こりうる。

●トラブルとSPAM攻撃

インターネットを運用する「サイト」では、必ずや「お店で買ってくる」というもの以外のソフトを数多く使っているはずだ。私は、慶応義塾大学の研究プロジェクトとしてVCOMというインターネットサイトを運営している（VCOMは、二〇〇〇年四月よりその主旨を多少変更した。現在ではレンタルサーバを利用し、ネットワーク・コミュニティの運用実験というより研究に重点を置いたサイトとして、教育や障害者支援を中心として活動している。以下は一九九九年現在の状況である）。そこでは、主サーバーのOSとして、一部、商用ソフトを使っている以外は、メールの管理も、WWWの管理も、文章作成のエディターも、VCOM独自のサービスを提供するためのシステムを作るのに使うプログラミングツールも、ほとんどすべて、インターネットから自由にとってきて無償で使えるというソフトを利用している。これは、珍しいケースではない。むしろ、商用ソフトしか使っていないインターネットサイトはありえないというくらいだ。

これは、単に、そのほうが安上がりですむという理由からそうしているのではない。ひとつの例を挙げよう。VCOMは、基本的には無人運転をしているので、停電のときの対応やデータ管理には特に気をつけている。データのコピーを複数とって、その整合性を常にチェックするなどしてシステムの安全性を高めるという装置がある。かなり高価なものであるが、VCOMとしては止むをえない出費と考えて購入した。ところがである。どうもこの装置の調子が悪い。
この装置を購入した代理店や、メーカーに何度も連絡し、対策をとることを依頼した。しかし、その対応ははかばかしくない。トラブルが起こってもすぐにはなかなか担当者がつかまらない。何回も修理には来てくれるのだが、しばらくたつとまた具合が悪くなる。こんな不安でいらいらする状態が半年ほど続いた。結局、最後には、その商品を返却し代金を全額かえしてもらい、別の代理店から別のメーカーの（一段、レベルの高い）商品を購入した。幸い、それ以降は順調である。

この問題が一段落したころに、VCOMでは「SPAM攻撃」を受けた。頼みもしない商品の宣伝DM（ダイレクトメール）がインターネットを介して大量に送られてくるというもので、宣伝のためというよりは、むしろ、メールサーバーを過負荷状態にしてダウンさせようという悪質ないたずらである(8)。しかも、VCOMから発信されたように装って、世界中の他のインターネットサイトに同じいたずらメールをばらまくのであるからたちが悪い。

ピーク時には、一日三万通を超えるSPAMと思われるメールがVCOMシステムに配信された。VCOMを偽の発信地としてSPAMメールを送り付けられた人から、「止めなければVCOMを訴える」といった強硬なものを含めた苦情メールがVCOMにたくさん舞い込んできて対応に苦慮した。VCOMシステムチームの面々は、インターネットを通じて、同じような攻撃を受けた他のサイトの人たちと連絡をとり、対策を相談したりア

（8）SPAMというのはアメリカ家庭で人気あるコーンビーフのような肉の缶詰の商標名。アメリカのテレビCMで"SPAM,SPAM,SPAM"と連呼したことが名前の由来だとのことだ。

ドバイスをもらったりした。システムソフトの一部にパッチをあてたり（機能を追加したり、バージョンアップをするということ）、通信の受け口をフィルタリングしたりという懸命の作業のかいがあって、二日後には、当座のＳＰＡＭ攻撃を止めることができた。

これはＶＣＯＭにとっては大事に至らずに対処がとれたというエピソードであるが、われわれも被害者だとはいっても、対処するまでの期間に、ＶＣＯＭ経由で大量のゴミメールを世界中の他のサイトに送り付け、迷惑をかけてしまったという「恥ずべき事件」である。しかし、こうした問題は、かなり注意して管理をしているサイトであっても起こりうるものだろうから、あえてここで紹介した。

とにかく、比較的、短時間で対策がとれたのは、ＶＣＯＭのシステムが「お店で買ってくる」ものではなく、インターネット上で広くフリーに流通しているソフトウェアを多く使っていたからである。そして、自分たちの経験や技術やノウハウを共有しようというコミュニティが背後にあったからである。

この二つの対照的な「事件」は、偶然にも相次いで起きたことなので、私にとっては特に印象深い。もちろん、だからといって、商品として売っているソフトウェアはだめで、フリーなソフトのほうがいいということでは、必ずしもない。しかし、改めて、インターネットの不思議な力を感じさせられた出来事だった。

●「フリーソフトウェア」「オープンソース」「シェアウェア」

（9）もっと詳細な分類については、たとえば、通称「ハロウィーン文章」（★1）（★2）を参照のこと。そこでは、図1の「オープン」か「クローズド」かということについて、無償、配布可能性、無制限の利用、ソースコード公開、ソースコード変更可能性、コードベースへの一般利用者の「チェックイン」、すべての派生ソフトウェアについてフリーであること、などの区別がされている。また、ここでは四種類だけ挙げているソフトウェアの種類については、商用、試用、非商用試用、シェアウェア、ロイヤリティなしのバイナリー「フリーウェア」、オープンソース：BSDスタイル、オープンソース：Apacheスタイル、

最近、新聞や雑誌で「フリーソフトウェア」「オープンソース」「シェアウェア」などという類似の用語をよく目にするようになった。ここでそれらを整理して説明をしておこう。実は、それらが何を指し、どう関連しているかについては、定説がなく、すこしずつ異なるいくつかの定義があり、多少の混乱状態にある。素人にはそれほど違わないと思える微妙な差異が専門家にとっては開発哲学にかかわる重要なことであったりする。なかなかややこしい。われわれとしては、正確さは多少犠牲にしても分かりやすさを重んじて、つぎのような解説をしておこう(9)。

われわれが主に考慮の対象にするのは、フリーソフトウェア、オープンソース・ソフトウェア、シェアウェア、それに商用ソフトウェアである。これらは、図1のような二つの見方によって二通りに分類される。

ソフトウェアを得るときの代金の支払いはどうするかという利用者の視点からすると、これら四つのタイプのソフトウェアは「フリーソフトウェアおよびオープンソース・ソフトウェア」「シェアウェア」「商用ソフトウェア」の三種類に分かれる。このうち、もっとも特徴的なのが、「使ってみて気に入れば代金を払ってくれ」というシェアウェアだ。お金ではなく、絵葉書やピザを送ってくれというものもある。シェアウェアには、代金徴収のひとつの方法という側面と、本来的にボランタリーな交換方法のひとつのバリエーションという二つの側面があり、興味深い存在である(10)。シェアウェアについては本章では扱わず、ネットワーク上のユーザーズ・グループによってできたコモンズという観点から

オープンソース：リナックスタイル／GNUスタイルなど細かく分類されて考察されている。

(10) 詳しくは、金子監修、宮垣元・佐々木裕一著『シェアウェア』、NTT出版、一九九八年、を参照のこと。

★1 http://www.opensource.org/halloween1.html
★2 http://www.opensource.org/halloween2.html

次章で取り上げることになる。

「フリーソフトウェアおよびオープンソース・ソフトウェア」は、一般の利用者の観点からすれば、無料でも利用することができるものであり、商用ソフトウェアは、通常の商品のように代金と引き替えにソフトを購入するものである。

つぎに、これら四つのタイプのソフトウェアは、ソフトウェア開発をする技術者の視点から「オープン」か「クローズド」かということで二つのグループに分かれる。大ざっぱに言って、ソースコードと呼ばれるソフトウェアの内部情報がオープンにされているかそうでないかという違いである。「オープン」だということは、書籍で言えば、原稿をデジタル化して、そのまま誰でもコピーできるような形でインターネット上に公開しているようなものである。誰でもコピーして、好きなように手を入れられるし、それを自分の名前をつけて他の人に配れる。商品として売ることすらできる。シェアウェアと商用ソフトウェアは、それぞれ、一定の条件の下で使えるが、自分で加工することはできない。

これら二つの視点の両方から同じグループになるフリーソフトウェアとオープンソース・ソフトウェアは、本書の以下の部分では一つにまとめて「フリーソフト／オープンソース」と呼ぶことにする(11)。

「オープン」なものにしろ「クローズド」なものにしろ、何らかの利用条件を規定する「ライセンス」と呼ばれる取り決めが定められていることが多い。シェアウェアの「気に入ったら代金を支払ってくれ」はライセンスの一種だと考えられる。商用ソフトウェアの

(11) フリーソフトウェアとオープンソースの違いは、歴史的な経緯もあり、ときには論議を呼んでいるものである。ごく簡単に言うと、前者は、「ソフトウェアは本来コピーや書き換えが自由でなくてはならない」という思想を体現した理念的基本型で、後者はビジネスへの応用も視野にいれたソフトウェアのパッケージ化・配布事業の円滑化を主眼とした現実的な枠組みである。詳しくは、たとえば、平野聡氏の解説ページ（★1）やブルース・ペレンツによるOpen Source Definition（★2）を参照。また、本書ではとりあげないが、フリーソフト／オープンソースにある意味で類似したものとしてパブリックドメイン・ソフトウェ

ライセンスとは、いうまでもなく、「絶対にコピーしてはだめ」である。フリーソフトウェアやオープンソースのライセンス、とくに、GPLと呼ばれているライセンスについては、コモンズやボランタリー経済の成立の可能性という本書にとって本質的に重要な観点から、非常に興味深いものがある。あとで詳しく説明するが、基本的にはソースコードが添付されているかどうか、もしくは、そのソースコードを無償または手数料のみで取得するための別の方法が示されてあるかどうかが問題になる。

●リナックス・コミュニティ

さて、リナックスとはどんなものであろうか。リナックスは、もともと、リーナス・ト

図1

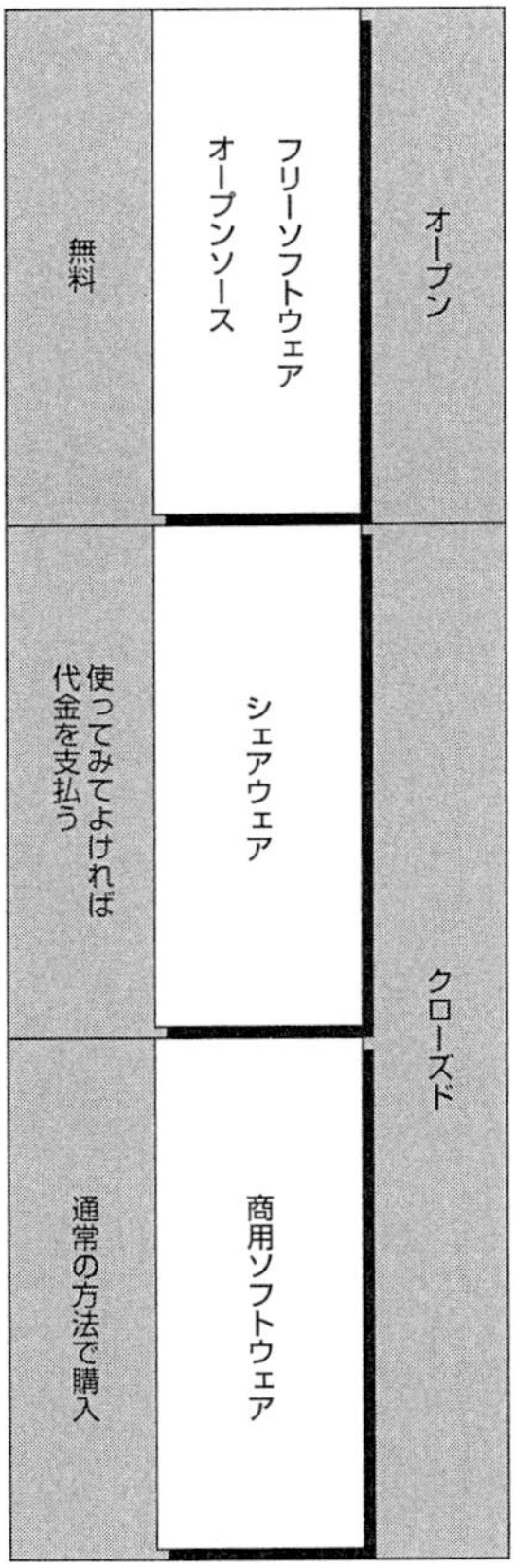

★1　http://openlab.etl.go.jp/freesoft/
★2　http://www.hams.com/OSD.html

ーヴァルズがヘルシンキ大学の学部生時代にユニックスOSのカーネル（中核部分）をパーソナル・コンピュータ上で動かすためのソフトウェアを書いてインターネットにフリーソフトとして公開したことに始まる(12)。一九九一年の夏のことである。一九九二年の一月までは、これを一〇〇人以上のユーザーやハッカー(13)がダウンロードし、それぞれに工夫して改良作業をするようになった。リナックスのユーザー数は、一九九一年夏の一人（リーナス自身）(14)から、一九九三年には二万人、一九九五年には五〇万人、一九九七年には三五〇万人と急速に増え、一九九九年現在でユーザー数は、世界中で一〇〇〇万を超えたといわれている。また、ＩＤＳリサーチによれば、リナックスは一九九八年においてもっとも急速に普及したサーバー・オペレーティング環境であり、出荷全体の一七％を占めたという。

リナックスの開発に何人くらいかかわっているか。カーネル部分に貢献しているのは二〇〇人程度らしい。たとえば、リナックスの安定版であるバージョン2.0.25に貢献者として名前が挙がっているのは日本人一人を含めた二〇四人である。リナックスの開発でプログラムの修正や改良のための「パッチ」を提供する形で参加する技術者は一〇〇〇人以上であるとされ、公開されたプログラムを自分のサイトで実際に動くかどうか実験をしてその結果を報告することで参加している人を含めると、全世界で数千人かそれ以上にのぼるであろうといわれている。これらの人々は出入り自由で、自発的に、それぞれの得意分野で自分が関心をもつものにかかわっており、全体として、古参のハッカーであるエリッ

ア（ＰＤＳ）と呼ばれるものがある。これは、作者が「いかようにも勝手にお使い下さい」ということで無条件に提供したものである。しかし、ＰＤＳというカテゴリーは、いわば過渡期のもので、最近では、そのようなカテゴリーのソフトウェアはあまりないと思われる。

(12) ユニックスはもともとＡＴ＆Ｔベル研究所が一九六〇年代に開発したＯＳであるが、その後、いくつかの流派に分かれた。大括りにするなら、(一) 主に商用ユニックスで業界標準として実現されている「システムＶ」系統、(二) カリフォルニア大学バークレー校が開発した「ＢＳＤ」をルーツとする系統、(三) その他、の三つになる。リナックスは、この第三

ク・レイモンドが言うようにリナックス・コミュニティを形成しているのである。
リナックス以前にも、インターネットを介して複数の人が開発にかかわったフリーソフト／オープンソース・ソフトウェアはいくつも存在する。しかし、これほどの人数が自発的に参加してできたコモンズは前代未聞である。レイモンドは、「（ソフトウェア開発の分野で）リーナスは、インターネットの広がりの力を最初に学んだ人物だ」とコメントしている。

●GPL

これほど大勢の人がかかわっているとしたら、全体を調整しマネージするためにはかなり統制力のある相応の組織が必要だと考えるのが普通である。しかし、リナックス・コミュニティは組織的におどろくほど身軽だ。リナックスの核になる部分の変更や開発については、リーナスが信頼をおく数人のチームが「しきっている」といわれる。カーネルに関する変更について最終的に決定権があるのはリーナス一人であるが、それ以外は、基本的に自由で自発性に任されているのだという。

もちろん、リナックス・コミュニティには企業組織のような権限によるヒエラルキーはない。リーナスが最終的に下す決定をコミュニティ・メンバーが承認するというルールができているということだ。これは強制力に裏打ちされた権限ではなく、リーナスの果たす役割＝ロールのひとつとみるべきである。

リナックス以外のフリーソフト／オープンソース・ソフトウェアで大勢の人が参加して

のカテゴリーに属する。

(13) 注3に述べたとおり、本書ではハッカーをボランタリー精神で問題をクリエイティブに解決する人という意味で使っている。

(14) リーナスはファーストネームであるが、彼を指すのにはファーストネームを使うことが慣習となっているようなので、ここでもそうする。

いるプロジェクトはどのようなルールとロールをもっているのだろうか。エリック・レイモンドによると、ＷＷＷサーバー管理ソフトのアパッチ（Appache）を開発するプロジェクトは、委員会がありそのメンバーが投票によって意思決定をしている。また、プログラミング言語のＰｅｒｌを開発するプロジェクトでは、中心となる参加者のチームのなかでリーダーシップを交代でとっているという。本書冒頭で紹介したオルフェウスも数人の中心メンバーからなる実行委員会があり重要事項については投票で意思決定をしており、また、コンサートマスターやコアグループはその都度の交代制である。

リナックスのカーネル以外の部分に関しては、「上」からの統制はなく、分散型で開発が行われているという。誰かが面白い提案をすると、スキルがあってその提案に興味をもった人たちがどどっと集まって自発的にコラボレーションをするので、実現するときは素早い。リナックスの詳細な分析をした通称「ハロウィーン文章」には、リナックスに対する「TearDrop IP攻撃」を誰かが発見したところ、リナックス・コミュニティは二四時間以内にその攻撃への対抗策を見つけ、誰でもその対抗策を利用できるようになったという例が紹介されている。

組織の経営に少しでも携わっている人からみれば、数千人のメンバーがいる組織体で、各メンバーがいわば勝手に活動をしているのに、管理組織が最小限度ですんでいる、しかも、問題があれば素早い対応がとられるというのは、信じられない話である。そこには、二つの「秘密兵器」がある。

ひとつは、ＧＰＬ（General Public License）と呼ばれているライセンスである。ＧＰＬというのは、フリーソフトウェアの総本山と目されるフリーソフトウェア財団を主宰するリチャード・Ｍ・ストールマンが提唱しているもので、現在では、フリーソフト／オープンソース・ソフトウェアに関してもっとも基本的だと考えられている（そして、もっとも「オープンな）もので、以下のような内容のライセンスである。

・ソフトウェアの入手が無償か有償か↓無償または手数料のみ
・ソフトウェアの再配布（無料配布／販売）のときに何らかの制限があるか↓商品として売ってもいいが、ＧＰＬで再配布をすることが義務づけられている
・ソフトウェアの利用目的に制限があるかないか↓ない
・ソースコードと呼ばれるソフトウェアの内部情報が公開されているか↓ソース添付もしくはソース入手方法の明示
・再配布の際にソースコードを変更したものを配布しても良いかどうか↓可能であるが、オリジナルの入手経路を明示せよ
・派生的に作られたソフトウェアのライセンス形態について制限はあるか↓ライセンスはＧＰＬにせよ
・配布元のソースコードへの第三者による変更を許すかどうか↓場合による

このライセンスがリナックスの開発にどんな作用をしているかの具体的な説明はあとで詳しくするが、「ハロウィーン文章Ⅱ」が、「ある意味では、GPLは、リナックス・ハッカーの〈オンライン部族〉にとっての憲法を提供した」という表現をしているのは興味深い。

●コミュニティの共有資産

もうひとつの要素は、リナックスの開発に自発的に参加しているメンバーたちの多くは、リナックス以前からあるユニックス系OSの研究や開発にかかわってきた者や、少なくとも、そのような開発プロジェクトから発生した成果としてのフリーソフト／オープンソース・ソフトウェアを利用してきたという体験があるということだ。そのようなプロセスを共有することによって、統制機構がなくても、なにか問題があれば一緒に考え、対策を共有するなどという共通の体験がある。情報や体験の共有の履歴は、コミュニティの共有財産としてコミュニティ・メモリーとして蓄積され、その後のコミュニティがうまく回るのに大いに役立つ。これは、あとで、われわれが、コミュニティの「ソーシャル・キャピタル」と呼ぶものである。

コミュニティがうまく回っているのは、それぞれの参加メンバーの自発性、GPLというルール、カーネル開発についてのリーナスや少数の中心メンバーと目されている人のチームによるロール、それに長年の情報共有と共通体験によって獲得されたソーシャル・キャピタルの賜《たまもの》である。そして、もちろん、これらを可能にするツールとしてのインターネットがあるということだ。

アメリカのデータプロ誌（一九九七年一二月号）が、企業の情報関連部署のマネージャーにアンケート調査をした。いくつかのサーバーOSについて、柔軟性、運用性、機能性、パフォーマンスなど九項目に関する比較をした。その結果、リナックスは総合得点で第一位になったという。リナックスのどこがいいのであろうか。

ひとつには、リナックスは軽くて速いということがある。また、すでに述べたように、ソフトウェアの不具合があったりエラーがあれば世界中から報告があり、それを有志がすぐに直すということで、開発や修正が非常に速いサイクルで回るというのも魅力だ。さらに、一企業の戦略で動いているのではなく、参加メンバーのそれぞれが自分にとっての利便性を追求するので、いろいろな派生品が生まれてくる。たとえば、リナックス開発者コミュニティなどからの積極的な呼び掛けに応えて、デバイス機器メーカーが自社製品の内部情報を公開するようになったことによって、リナックスの環境で動く周辺機器など関連デバイスが豊富に存在することになった。ハードウェアについても、PC／AT、Power Macintosh、SGI、DEC Alpha などなど、さまざまな種類のプラットフォームでリナックスが走るようにするための開発が、それぞれ同時進行している。要するに、リナックスの環境においては、多様性が自発的に確保されているということである。

先ほどから何回か引用している「ハロウィーン文章（Ⅰおよびその続編のⅡ）」は、前節のはじめに述べたように、マイクロソフト社のエンジニアがリナックスを潜在的な競争相手という観点から分析してまとめた文章だとされている。それだけに、なかなか客観的で冷静な評価がなされている。

その「ハロウィーン文章」は、リナックス（および、レイモンドの言うところの「バザール」式開発アプローチをとっている他のフリーソフト／オープンソース・ソフトウェア）のもつメリットを次の三項目に整理している。

まず、リナックスの信頼性や品質は商用ソフトウェアに比べて遜色ないかそれらを上まわっているという認識が利用者の間に生まれてきたと指摘する。また、リナックスは、コミュニティを形成しながら大規模で複雑なシステム開発をするという巧妙な方法論をうちたてたと示唆している(15)。それは、とりもなおさず、リナックスが、たくさんの人が自発的にかかわる並列開発を可能にしたからだと分析している。三つめとして、リナックスは参加者の自発性によって成り立っているというユニークな特徴があるとしている。それらの人たちは自分たちで情報を持ち寄り、また、問題解決に共同であたる。そのような情報や体験の共有が、コミュニティにとって大きな資産になっていると指摘するのである。

●コミュニティ編集者リーナス

リーナス自身はどう思っているのだろうか。来日したときのインタビューやその他の記事から、いくつか注目すべき発言を拾ってみよう。まず、彼は、リナックスの開発プロセ

(15)「ハロウィーン文章」によれば、コードの行数で、リナックスのインテルx86CPU用カーネルは五〇万行、リナックス全体では一〇〇〇万行であり、ボランタリー・ベースで作られたものにしては大規模なものになっている。ちなみに、マイクロソフト社のサーバーOSであるウィンドウズNT 5.0は四〇〇〇万行、サン・マイクロシステムズ社のOSであるソラリス7は一二〇〇万行である。

スにおいて「自分の果たしている役割はずいぶんと小さいものだ」と言う。また、開発過程をすべて公開にするということは、彼にとっても大きな利点がたくさんあるのだと言う。まず、プログラムをテストしてくれる人がたくさん出てくる。エラーやバグを指摘したり、それにどう対応したらいいか教えてくれる人がたくさんいる。その結果、開発速度が非常に速い。熱意に満ちた人たちが作っている。そして、参加者が誇りをもち、ひとりひとりが責任感をもってプロセスにかかわっている。だからリナックスは素晴らしいのだと言うのだ。これは、指揮者のいないオルフェウスについてそのメンバーが感じていることとまったく同じである。

リナックスの開発アプローチを発見したのは素晴らしいことだとエリック・レイモンドが言ったとき、リーナスはこう答えたという。「私は基本的には、とてもなまけものなのです。いろんな他の人がやったことを自分の手柄にするのが好きなんです。」もちろん、この言葉は(通常とは逆の意味で)「眉に唾をして」聞かねばならない。リーナスが直接かかわっているカーネル部分は、目を見張るほど頻繁にバージョンアップされることがよく知られている。たとえば、バージョン名が2.1.134――一三四回目の変更がなされたことを意味する――などというものがあったりする。初期のころは週に何回も、ときには、毎日のようにシステムのバージョンアップがあった。なんという「なまけもの」なのだろうか。レイモンドは自発的なコミュニティ型の開発プロセスのリーダーの要件として、謙虚で他人を受け入れるという素養が重要だとして、その代表例としてリーナスと、Ｐｅｒｌの開発を行っているラリー・ウォールを挙げている。

エリック・レイモンドは、また、「リナックスは世の中を転覆させる〈危険分子〉だ」と言っている。もちろん、「危険分子」というのはハッカー的なジョークである。「このような超一流のオペレーティングシステムが、まるで、魔法のように、インターネットというやわなつながりだけを利用して世界中に散らばった数千の開発者たちを連合させてできてしまうということを、五年前にいったい誰が想像しえただろうか」というのである。レイモンドによると、リーナスの最大の貢献は、リナックス・システムの創造そのものというより、むしろ、レイモンド自身が「バザール方式」と呼んでいる、自発的なコミュニティを形成することで自律分散的にシステムを開発するという方法論を発見したことである。

ＧＮＵプロジェクトを主宰したリチャード・ストールマンやＪａｖａを開発したジェームズ・ゴスリングと比べると、リーナスはソフトウェア・デザイナーとしてイノベーションの天才というわけではない、とレイモンドは言う。リーナスは、システムが改良されるのを毎日のように目に見える形で示すことで、参加者たちに刺激を与え、「これはできそうだ」という具体的イメージを与えている。リーナスは自分自身で目を見張るようなオリジナリティに富んだデザインを創り出すのではないが、何がいいデザインか、それをリナックスに取り入れることがいいかどうかという判断に関しては超一流である。バザール型の開発で必要なのは、ゲートキーパー的役割である。そして、バザール方式をひっぱってゆくには、素晴らしいコミュニケーターである必要がある。これらのコメントを総合するに、その言葉は使っていないが、レイモンドは、リーナスのことを非常に優秀で才能のある「コミュニティ編集者」だと言っているのだ。

●バザール方式

ハッカーたちの間に非常に大きな影響を与えたという、エリック・レイモンドの『伽藍とバザール』では、彼は、まず、ソフトウェア開発に関して対照的な二つのスタイルが存在すると言う。ほとんどすべての商用ソフトウェアの開発にみられる「伽藍方式」と、リナックスに代表される「バザール方式」のことである。「リナックス・コミュニティは」と、レイモンドは言う、「いたるところで泡がはじけているような、偉大な、さまざまなアジェンダ(討論する議題)とアプローチのバザール(青空市場)に似ている。そして、そこからは、全体としての脈絡と安定したシステムが出現するのであるが、その様子は、次から次へと奇蹟が起こっているとしかいいようがない」と。

レイモンドがバザールと表現しているのは、われわれの言い方をすると、自発的にできたコモンズである。ここではレイモンドにならってバザールということにするが、呼び名はとにかく、そのバザールで物事が起こる起こり方は、前節でわれわれがコモンズの特徴として挙げたものと共通する。自発性、相互性、相互編集性、情報共有、共有された情報と問題解決の体験の蓄積、それにその共同資産化、ヒエラルキーの権限でなく、メンバーに承認されたロールと、自生するルールなどのことである。

コミュニティ・ソリューションという観点からすると、それは、レイモンドが『伽藍とバザール』で、リナックス方式によってソフトウェアのデバッグ（ソフトウェアのプログラミングのミスを取り除くこと）を並列的に行う新しい可能性が開かれたと言っていることに相当する。普通に考えたら、中心部分だけで数百人、周りまでいれると数千人がそれぞれ自発的に動いているコミュニティで、同時多発的にデバッグをしたら、とうていうまく行くはずがない。レイモンド自身、リナックスが出てくるまでは、ソフトウェアは「伽藍方式」で、かなり計画的に作る必要があると考えていたという。つまり、リナックスが象徴するコミュニティ・ソリューションとは、権限によって統制することだけでは達成できないようなスケールと複雑性を有する大規模なシステム開発において、コミュニティによる効率的できわめて有効な解決策を提示しているものだというわけである。

コミュニティ・ソリューションが可能になる素地は、ユニックスという枠組み自体にあることはたしかである。長年にわたって培われてきたコラボレーションの文化や共同作業を支援するツールが豊富に存在するということが重要な要素になっている。『伽藍とバザール』でレイモンドが挙げている一九の指針のうち、七番目と八番目のものがこの文脈ではもっとも重要である。七番目の指針とは、「情報（プログラムの新しいバージョンや改良点）は早く公開せよ、頻繁に公開せよ、そして利用者の声に耳を傾けよ」というものだ。八番目は、レイモンドが「リーナスの法則」と呼んでいるもので、つまり、「目の玉がたくさんあれば、それだけバグを見つけるのはやさしい」というものである。

ソフトウェアを公開するときに、あまりバグが多いと、ユーザーに不安感を与え、あいそをつかされるであろう。そう考えるのが普通である。しかし、だからバグをできるだけ取り除いてから情報公開したほうがいいと考えるのは、伽藍方式の発想がしみついているからだという。自由に自発的に参加する人を受け入れる。とにかく、情報は早め早めにリリースする。通常は慎重になってやらないでいたことを、敢えてやってみる。すると、結果がついてくる。つまり、弱みになると思われたことが、実際は強みになる。これは、次に詳しく説明する、われわれの言う「弱さの強さ」が出現する典型的な成功パターンである。

●情報の開示による弱さの強さ

情報を開示すると、いろいろな意味で弱い立場に立たされるというのが一般の認識である。これまでの常識は、情報を隠すことで強さが生まれるということであった。ネットワーク社会では、それが変わってきた。

たとえば、大学の先生が学生の期末試験を採点した答案を返却しなければ、科目の最終成績としてどんな評価をしても文句を言われることはない。なまじ答案を返却すると、合計点の計算ミスがあることが分かってしまったり、他の学生と同じことを書いているのに違う点がついていることを指摘されたりして、先生にとっては都合の悪いことになりかねない。また、答案を返却するなら模範解答も添付しろ、模範解答を出せばそれと各答案の採点の整合性を示せ、ということで、必然的に要求が高くなる。そのような可能性を排除し、先生の権威は答案やレポートなどの採点情報を開示しないことによって保たれる。こういうのが古い考え方である。現代的な考え方は、先生はきちんと採点した答案やレポートを返却し、模範解答も提示する。そのうえで学生から出てくる質問や疑問に対してもきちんと答える。そのことで、先生の評判が上がり、信望が厚くなり、結果としてその先生の権威も高まる。

リナックスの開発プロセスでは、プログラムのソースコードを含めてどんな情報も開示する。それればかりではなく、公開されたプログラムを誰がどのように変更しても自由である。そのようにして情報をオープンにすることで、かえって、コミュニティは強さを獲得しているのである。

ボランティア、ないし、ボランタリーな行為一般について、自分から進んで情報を提供したり行動したりすることは、必然的に弱さを発生させるのであるが、その弱さが実は本質的な意味で強さになっている。この「弱さの強さ」というのは私のかねてからの持論(16)であるる。リナックスは、まさに、そのオープン性によって、弱さの強さを発揮させているのである。

このことを詳しく述べるには、リナックスのライセンスが果たした役割について少し詳しく説明する必要がある。リナックスのカーネル部分は、先に述べたように、フリーソフ

(16)『ボランティア——もうひとつの情報社会』(岩波新書)や『ボランタリー経済の誕生』(注6前掲書)を参照していただきたい。

ト運動の中心人物であるリチャード・ストールマンが提唱してきた、ＧＰＬと呼ばれるライセンスに準拠している。

ＧＰＬについては、既に説明した。ここであらためて言うと、ＧＰＬに準拠するソフトウェアは、ソースコードが公開されなければならない。また、公開されたコードにどのように手を入れてもいいし、再配布しても、ビジネスに使うことを含めてどのように利用してもいいという約束になっている。どんなことをするのも原則的に「ただ」である。ただし、改善したり変更したりしてできたソフトウェアもまた、ＧＰＬにしたがって公開されなければならないという基本ルールがある。つまり、ＧＰＬソフトから作られたソフトはまたＧＰＬソフトでなくてはならないということで、実は、ここがミソである(17)。

フリーソフトウェアやオープンソース・ソフトウェアのいろいろなバリエーションを設定しているライセンスのなかで、ＧＰＬはもっともオープンなものである。一般の人はこのようなライセンスを前にすると、かなりとまどうのではないだろうか。誰が何をしてもいいと言っているように見えるが、そんなことで大丈夫なのか。自分の利益のためだけに利用しようというフリーライダー（ただ乗りをする人）は出ないのか。一部を改悪してそれを配布してしまうという困り者をどうするのか。誰が何をしてもいいなどと言えば組織はすぐにばらばらになったり、統制がとれずに崩壊してしまうのではないか。だとしたら、そんな組織が作っているソフトウェアなど安心して使えないのではないか、などなど。心配の種は尽きない。

（17）ＧＰＬは、よく「どのようにハックしてもかまわない、ただし、あなたが作ったソフトに関してもまたどんなハッキングも許すならば」という約束事であると表現されることがある。ＧＰＬについては★1参照。

★1　http://www.gnu.org/copyleft/copyleft.html

会社勤めや役所勤めの普通の人がこのような疑問をもつことは、当然である。これまで私たちがよく知っている企業や政府や自治体の機関はもちろん、ボランティア団体でさえ、いつも、このような悩みを抱えている。だからこそ、権限のヒエラルキーを作ったり、情報を上層部に集中させたりして統制をとろうとしてきたのである。そのように感じている人を前にしたら、リチャード・ストールマンならこう言うかもしれない。「フリーソフトウェアの世界にようこそ」と。GPLに基づくソフトウェアは、オープンで、一見、非常にバルネラブル（攻撃されやすい、つけこまれやすい）なものに見える。ところがどっこい、GPLは、思わぬ強さを発揮するのである。

まず、リナックスやリナックスに限らずGPLに準拠しているソフトウェアが、なぜ、長期的な信頼性をかちえられるかである。それは、まさに、ソースコードが公開されているからである。

たとえば、今の時点で開発に積極的にかかわっている人が開発から離れたとしても、ソースコードが公開されているのだから、他の誰かが引き継ぐことができる。しかも、GPLはプログラムに変更を加えた場合は、その結果を公開し、誰にでも使えるようにしなくてはならないと言っているのであるから、どこでどんな人やグループが頓挫しても、それまでに蓄積された情報はなくならない。これに対して、特定の営利企業が情報を隠すことで営業利益を上げるという、通常のビジネスの方式でソフトウェアを生産している場合を考えれば、その企業が倒産したり、開発の中心人物がいなくなったら、そこで終わりである。実際、やっと使い慣れたと思った商用ソフトが生産中止になってしまい悔しい思いをするということはよくあることだ。

ひとことでいえば、リナックス開発プロセスのなかで生産された情報や技術は、特定の企業や個人やグループに独占されることはなく、コミュニティ全体の共同資源としていつも利用可能になっていることから強みが生まれるわけだ。自発的に開発を続けようと感じる技術者が継続的に存在するかぎり、リナックス（や他のGPLに準拠するソフトウェア）は生き続けるのである。もちろん、あまり役に立たないソフトで使う人も少ないものなら、自発的に開発をしようという人がいなくなり、そこでそのソフトの寿命は尽きる。リナックスの場合は、利用者が爆発的に増加しているし、次々にチャレンジングな技術課題が提案されるので、急になくなってしまうという不確実性はかなり低いのである。

●winner-take-all現象

世界中の情報がつながり、クリックひとつでどんなホームページの情報も手に入れられるというインターネット社会においては、経済学でよくいわれる「winner-take-all（ひとり勝ち）現象」が起きやすいといわれる。マイクロソフトがこれだけ急速に市場シェアを拡大してきたということが、その格好の例だ。どんなコンピュータもインターネットに接続できるといっても、初心者としてはみなと同じものを使っていたほうがなにかと安心だ。プログラマーが、同じ時間と頭を使うなら、シェアの少ないマッキントッシュのソフトを書くより、ウィンドウズのソフトを書いたほうが効率がいいと考える。これは、当然である。したがって、いったん大きなシェアを獲得した商品やシステムは、二番手、三番手を駆逐して、ひとり勝ちする傾向が生まれる。

この傾向は、たとえば、アメリカの商用パソコン通信においては、数年前まではいくつかの企業による会員制ネットワークがしのぎを削っていたのが、今では、AOL(America OnLine)が圧倒的なシェアをほこるようになったとか、金融業界や自動車業界で、世界規模の業界集中が起こっているということと同様の現象である。

これらは、通常のビジネスの世界の話である。しかし、インターネット社会においては、ボランタリーな活動においても、場合によっては、このwinner-take-all現象が起こりうる。

つまり、インターネットで世界中がつながれているという状況で作成され、流通されるようなグローバルな規模をもったソフトウェア、たとえば、リナックスのようなOSに関していえば、利用者をたくさん獲得したソフトウェアが、同様のもので利用者が少ないものより勢いがつき、ますます力を得る可能性が高まるということになるのだ。実際、パソコン上で動くユニックスはリナックス以外にもNetBSD、フリーBSD、NeXTSTEPなどたくさんのものがあるが、いずれもリナックスの普及に押されて勢いが衰えてきている。

エリック・レイモンドは、リナックスのようなフリーなソフトウェアについてもwinner-take-all現象が起こりうるということを、「ノアスフィアーの開墾」というメタファーを持ち出すことで説明した(18)。レイモンドが提出したモデルを簡単に説明すると次のようになる。まず、人々の活動の基本的なドメインとして、一般の交換経済市場の代わりに、ノアスフィアー（Noosphere）と彼が命名した「アイディアの領地」を考える。交換経済のマーケットが仮想的な存在であると同じように、ノアスフィアーも人々の意識の中にのみ存在するものである。あるソフトウェアの開発プロジェクトを立ち上げるということを、この「アイディアの領地」における土地を開墾することになぞらえるというわけだ。

このバーチャルな領域で行動する人、つまり、ハッカーの動機は、素晴らしいソフトを作ったり、プロジェクトに大きな貢献をしたりすることで、名声を得ること、仲間の間でいい評判を得ること、そして、自分のエゴを満足することであるとレイモンドは想定した。そうすると、ノアスフィアーという非経済圏においても、一般の交換経済マーケットにおけるのと同じ理由で、winner-take-all 現象が起こりうるということになる。

レイモンドのこの寓話は、なるほど、納得の行くものがある。この説明が、多くのハッカーたちに支持されているということなので、ハッカー文化をうまく表現したものになっているのであろう。私としては、レイモンドのこのメタファーに関して、ある程度の説明力はあると思う一方で、もろ手を上げて賛成できない。話の筋から少し脱線するが、私がノアスフィアー・モデルのどこに不満かについて、少し説明しよう。

レイモンドのこのモデルは分かりやすいという特徴があるが、そこで使われている基本モデルは、インターネット時代が始まる前の一九六〇年代に社会学の大御所であるピータ

(18)「ノアスフィアーの開墾（Homesteading the Noosphere）」（★1参照）

★1 http://www.tuxedo.org/~esr/writings/homesteading/

ー・ブラウが「経済的交換」に対比させて提唱した、経済学でいう経済的効用の代わりに評判やエゴの満足という社会的効用を想定した、「社会的交換」モデル(19)そのもの、ないし、直接的なバリエーションである。ブラウのバリエーションだからいけないということではない。

私は、インターネット時代における社会・経済モデルは、名声を得るとかエゴの満足など、行動の動機を行動主体個人の効用のみで説明するものでは不十分であると信じている。もっと、自発性、相互性、相手との関係性を明示的に表現する行動原理をもったモデルでないと、現在起こっているこれまでにない新しいうねりの本質を反映できないと思っている。インターネット社会になって根本的に変わったのは、人々の行動の動機が、それぞれの利得(経済的であってもエゴの満足であっても)を最大化するというものから、「関係性」を重視するものになったということだ(20)。

たとえば、インターネット社会のノアスフィアーにおいては、ボランタリーなソフトウェア開発においてもwinner-take-allのような現象が起きやすくなっているが、その一方で、ソースコードの公開によって、マイナー嗜好者が自分の好きな文化をしっかりと保持しつづける自由を持つということが可能であり、また、マスメディア上には載らないような情報でも、自分のホームページでひっそりと公開しつづけられることなどが可能になり、社会全体の多様性を保証する基盤が提供されているといえる。つまり、インターネット社会では、ひとり勝ちの可能性と多様性の可能性の両方が並立するのであり、そのなかでたく

(19) ピーター・M・ブラウ『交換と権力』(間場寿一ほか訳)、新曜社、一九七四年。

(20) この相互性と関係性に基盤を置く私の考え方については、松岡正剛、下河辺淳らと提唱した前掲の『ボランタリー経済の誕生』をご参照いただきたい。

さんの小さなコミュニティがそれぞれの役目で存在し、活躍する可能性もできているのだ。

●コミュニティの自発性

さて、話をリナックスに戻そう。先ほど説明したリナックスやほかのGPLに基づくソフトウェアがなぜ長期的信頼性を獲得できるかという話は、レイモンド風に言えば、GPL（ないし、それに準ずるライセンス）に準拠するソフトウェアは、ノアスフィアーにおける領域を十分に獲得できる可能性をもっており、プロジェクトがうまく回れば、それに参加する人の評判がどんどんあがり、開墾地が将来にわたって発展し（一層広い「領地」が開墾され）、生き残ってゆく可能性が高まるということである。われわれは、このレイモンド流の説明ではなく、先に述べた情報公開による「弱さの強さ」を強調したい。つまり、GPLによるフリーソフト／オープンソースの場合、企業の倒産というような「突然死」はなく、かえって長期的に安定だということだ。

フリーソフト／オープンソース・ソフトウェア開発プロジェクトが社会的な信頼を獲得し、発展しつづけることにとって警戒しなくてはならないのは、分派活動が起こることである。たとえば、長らくオープンソース陣営で一緒に活動していたレイモンドからブルース・ペレンツが最近になって袂《たもと》を分かった話は有名である。

「ハロウィーン文章Ⅰ」は、リナックスについてはそのような分派活動が起こっていない理由を、次のように分析している。まず、リーナスという広く認められたリーダーがいるということがある。「リナックス・コミュニティの中では、リーナスは、公正で、妥当な判断をもったマネージャーであるということで非常によい評判がある」としているが、これは、レイモンドが言っている、謙虚で、他の人をよく受け入れ、善し悪しの判断に優れた「編集者」だというリーナスに対する評価と一致している。

「ハロウィーン文章」は、それに加えて、GPLの効果を挙げている。過去に分派が起きたBSD系のソフトウェアは、改良を加えたプログラムを必ずしも同じ条件で公開することを要求していないという意味でGPLよりは少し「緩い」ライセンスに準拠している。するとと、公開されたプログラムに誰かが大きな付加価値をつける改善アイディアを思いついたら、母屋にとどまらずに自分の領地を開墾するほうがメリットが出てくる可能性がある。GPLに基づくリナックスにおいては、そのようなインセンティブは働きにくいというわけである。

さて、ここでひとつ重要なポイントを指摘したい。それは、これまでお話ししてきたGPLをはじめとするリナックス開発プロセスにおけるいくつかの決まり＝ルールは、ある程度の法的根拠に基づくものもあるとしても、その存在価値は、法律による保証ではなく、むしろ、コミュニティの自発性に支えられているものだということである。

実際、GPLから派生したソフトウェアを非GPLで配布／販売することを禁止することは、現実的に言って難しい。たとえば、GPL準拠のソースコードを流用し一部改変して商品を作り、オリジナルのものであると偽って、GPLに準拠しない独自のライセンス形式で売ったとしても、一般的な商用ソフトウェアのライセンスと同じく、その商品のリバース・エンジニアリングを禁止しておけば、実際には元々のソースコードがGPL準拠のものであったことがバレることはないであろう。

つまり、ここで問題にしているのは、法律による統治ではなく、われわれが言う、コモンズのルール=自生した規則に従おうというそれぞれのメンバーの意思（ないし計算）である。そして、そのような意思が通じる範囲がコミュニティなのである。リナックスのカーネルの変更に関してリーナスが最終決定権をもっているといっても、それは、企業のトップが権限をもっているというのとは意味が違う。これもわれわれの言い方をすれば、リーナスはそのようなロール=自発した役割をもち、そのことがルールとしてコミュニティに広く承認されているということである。

このようなルールやロールは、レイモンドがノアスフィアー・モデルで言っているように、コミュニティの評判ということに基盤を置いているものである。そして、そのような自律分散型で、自発的なルールやロールを可能にしているのは、インターネットというツールであり、また、リーナスがそうであるような巧みな編集者の存在である。このような、ボランタリーなコモンズにおいては、「ルール」、「ロール」、「ツール」、そして「編集者」が鍵になる概念である。本書の今後の部分においても、頻繁に登場することになる。

●リナックスの「弱み」

リナックスにも「弱み」はある。リナックスの強みと弱みをアメリカのビジネススクールのMBA（経営学修士号）がするように客観的に分析した「ハロウィーン文章」によると、リナックスの弱点としては、次のような四つのポイントがある(21)。

・開発者の数が増えるにしたがってマネジメントコストが膨大になる
・バージョンアップについてゆくためのユーザーのコストが大きくなる
・コンピュータの専門家以外の人からの意見の反映がない
・組織的信用度が問題になる――サポート体制がない、企業としての戦略的展開がない

リナックスの開発のされ方を考えると、どれも、なるほどとうなずける「弱点」である。最初の項目についていえば、中央集権システムがないリナックスのような組織体で、参加者が数千人を超える規模のものになれば、当然のことながらマネジメントコストが膨大になることが予想される。それが従来の考え方だ。しかし、リナックスの開発プロセスでは、実際はそうなっていない。

リナックス・コミュニティにおいてはそれぞれの自発的な力がそれなりの整合性を生み出している。そこには、リーナスら「コミュニティ編集者」の資質とリーダーシップがあると考えられる。つまり、「弱み」の第一点は、どうすれば「よき編集者」になれるかを

(21)「ハロウィーン文章」では実際には三つの項目を挙げている。われわれは、説明の都合上、二番目の項目を二つに分けた。

考えるヒントになるものである。その他の「弱み」については、実は、リナックスの周辺にさまざまな形でのビジネスが成立しているということによってかなりの程度解消されている。逆に言えば、それらのような「弱点」があることが、リナックスを巡ってボランタリー経済が誕生する原動力になっているのである。以下では、そのような視点からリナックスの「弱み」について考えて行こう。

「ハロウィーン文章」が「これこれの理由でバザール方式のソフトウェア開発はマネジメントコストが膨大になりうる」と分析している理由をよく読むと、それは、実は、コモンズをうまく相互編集すればマネジメントコストの暴発を抑えられるということを示唆しているとも解釈できる。「ハロウィーン文章」で言われていることをその観点から解釈しなおすと、バザール方式のようなプロセスについて、つまり、われわれがコモンズと呼んでいるコミュニティ型の組織体を編集するにあたって、次のようなポイントが「うまいやり方」であるということになる。

まずは、編集者は、コモンズに参加するソフトウェア開発者のそれぞれが、自分がつぎ込むエネルギーに見合うだけの「大きなノアスフィアー」、つまり、知的にエクサイティングな本格的なアイディアの集積点が実現するのだということを示す必要がある。つまり、まだないものを見せるということである。また、編集者は、レイモンドがバザール型のやり方の第一の原則として挙げた「(システム開発者の)個人的な〈むずむず〉を刺激し、満足させる」に十分足りるプロジェクトであることを信じさせなければならない。三つめに、編集者は、はじめから無理難題を解決しようとするのではなく、できそうな問題を提示し、その問題に答えが出たことを示しながら、全体としても目指すことが「できそうだ」と示すことが大事だ。

編集者は、さらに、いつでもフレッシュでチャレンジングなアイディアが提示されるようにすることが重要である。また、全体のためには必要だが「つまらない」仕事もちゃんと自発的にやりたくなる人が出てくるようにシーンを変える必要がある。これは、ボランタリーなコモンズを編集することの基本中の基本である。営利企業なら、つまらない仕事をさせるには報酬をはずめばいいが、自発的な参加に基盤をおくコモンズではそれぞれの人に自発的にモーティベーションを感じてもらう必要がある。

一例を示そう。一九九七年一月に能登半島近くの日本海でロシアのタンカーが座礁して石川県三国町の海岸にオイルが漂着したという事故が発生したとき、全国から駆けつけたボランティアたちは、みな、海に入って重油の除去をするという「勇ましい」作業こそが重要なボランティアだと思い込んでいた。当時、三国町でボランティアセンターをいちはやく開設してボランティアの総元締めをしていた、三国・芦原・金津青年会議所理事長の長谷川啓治は、みなの目的は岩に付着したオイルを掃除することそのものではなく、「きれいな日本海をとりもどすこと」だという新しい視点を提供した。すると、海に入ったボランティアの長靴を掃除することも、ボランティアたちの食事を用意することも、作業に疲れた年寄りの肩をたたくことも立派なボランティアであるということが理解され、全国から大勢やってきたボランティアが自律的に組織立った行動をとるようになったという。

さらに、編集者は、バザール方式でみながそれぞれ自発的に、勝手に開発するソフトウェアの各モジュールが互いにうまく結びつくように、全体のデザインをうまく行う必要がある。これは、非常に重要なポイントである。リナックスの場合は、それまでのユニックスの良き伝統が生かされた。既に述べたように、リーナス自身はこれらのことをうまくやり遂げている、かなり優秀な編集者であるようだ。

●リナックスの経済圏

リナックス・コミュニティの中核はボランタリーな活動で支えられている。しかし、その周辺では、さまざまな形での経済活動が出現している。リナックスなどのフリーソフト／オープンソース・ソフトウェアの周りで発生しているビジネスは次の六つのタイプに分けることができそうだ。

(a) リナックスの安定バージョンを有料で供給する
(b) フリーソフト／オープンソースと併せて使う商用ソフトを有料で提供する
(c) フリーソフト／オープンソース・バージョンと商品バージョンを並列的に提供する
(d) メンテナンス・サポートを有償で提供する、ないし、もっと一般的には、サポート

つきのシステム・インテグレーションを有償で提供する
（e）リナックスを搭載したハードウェアを含むシステムを販売する
（f）リナックスやフリーソフト／オープンソース・ソフトウェアの上で作動するソフトウェアを販売する

多少の整理をするために、「リナックス本来のボランタリーなムーブメント」を一方の端に、もう一方の端を「一般のビジネス」とする線分を考えよう。すると、最初の二つは「ボランタリーなムーブメント」の端に近く、最後の三つは「一般ビジネス」の端に近く、（c）はその中間に位置するという相対的な関係が成り立っている。また、（b）と（c）は、ある種、対照的である。（b）が、もともとボランティアだった開発者が商売を始めた（たとえば、アパッチの通信暗号化機能の拡張モジュールを作っていた連中がそのモジュールを商品として売る）場合が多いのに対して、（c）では、企業（ネットスケープ社やサン・マイクロシステムズ社など）がオープンソースのほうに歩み寄るというケースが多い。

リナックスは当初、日に何回も改訂されていたという。バージョンアップが頻繁になされるということは、それ自体、コミュニティが盛んで活力がある証拠だ。しかし、その一方で、リナックスを使いたい一般の利用者にとっては、バージョンアップはそれほど頻繁にしては欲しくないものである。実際、かなりコンピュータに詳しい人でも、リナックスのどのバージョンが安定版なのかわかりにくいという。そこで、ハッカー以外の一般利用者に「これなら安心して使えます」というものを有料で提供するということがビジネスとして十分成り立つことになる。

リナックスの安定版を供給する企業としてもっとも成功しているのは本拠をノースカロライナ州リサーチトライアングルに置くレッドハットである。一九九四年というかなり早い時期に創設されたレッドハットは、リナックスの人気が高まるにつれて急成長しており、インテル、ネットスケープ、コンパック、IBM、ノヴェル、オラクルなど、コンピュータ業界の名だたる企業から出資を受け、株式上場している。データベース業界最大手のオラクル社は、データベースソフトであるオラクル8のリナックス版を販売している。この製品は「レッドハット5.2以上に対応」というような言い方で動作保証をしている。つまり、一般ユーザーは、「ウィンドウズ95用ソフト」とか「マックOS7.6以上で利用可能」などという一般商品と同じような形でリナックスの商用バージョンを利用できるようになってきたということだ。このことは、リナックス関連の商品が開発されるのをさらに促進する環境を作っているといえよう。

リナックスと商用ソフトのバンドル型の製品構成の例としてはパシフィック・ハイテック社のターボ・リナックスがある。これは、レッドハット版を基にして、日本語環境を拡張するための漢字変換ソフトやワープロなどの商用ソフトを組み込んでパッケージソフトとして販売しているものである。

フリーソフト／オープンソース関連で一九九八年に話題となったニュースといえば、ホームページ・ブラウザーで先頭を走っていたネットスケープ社（その後AOL社に吸収合併された）がその主力商品であるコミュニケーターをオープンソースにするという発表をしたことだ。正確には、ネットスケープ・コミュニケーターはこれまでどおりの戦略的製品と位置付けながら、それに並行して、モジラと呼ばれる「兄弟分」を作って、GPLを参考にして作られたNPL（Netscape Public License）というライセンスでソースコードを公開した。「ハロウィーン文章」は、この動きに対して次のようにコメントしている。「（これは）ネットスケープ社がブラウザー空間での信憑性《しんぴょう》を高めるためにモジラの周辺にフリーソフト／オープンソース・コミュニティを作ろうとしている」ものであるというのだ。

GPLとNPLとの主な違いは、NPLでは、モジラに対する改編についての最終決定権はネットスケープ社が保持すること、ネットスケープ社の社員である技術者がモジラ・コミュニティの要所に配置されるということ、また、ブラウザーのプラグインを開発するサードパーティに対して、そのプラグインソフトについて、ソースコードの公開の義務が及ばないようにすることなどがあると言われる。また、ネットスケープ社は、将来にわたって永久に、自社のブラウザーのソースコードをオープンにするという約束をしたわけではない。つまり、将来、ネットスケープ社が、ソース非公開の製品を出荷するときに、モジラ・コミュニティによって開発されたコードをちゃっかり再利用できるようにするための下準備が、NPLの中には見受けられると指摘する人もいる。

フリーソフト／オープンソース・バージョンと商品バージョンを並列的に提供し、商品バージョンは有償で提供するという方式は、トゥロール・テック社が、リナックスのGUI（グラフィカル・ユーザー・インターフェース）作成用ライブラリーであるQtについて、プロフェッショナル版（商用）とオープンソース版を並行してリリースするという例にみられる。なお、Java2のように、学術用や研究機関にはフリーで、商用利用には有料で販売するというやり方もこれに似たアプローチである。

「ハロウィーン文章」は、リナックスでは、一般ユーザーの多様で具体的なニーズを想定した開発はされていないと言っているが、実際は一概にはそうは言えない。しかし、リナックスははじめからフルライン・サポートを目指しているわけではないので、個々の顧客に対応した、最近よく使われる言い方をすれば「ソリューション」を提供するために、企業がお金をとって、メンテナンス・サポートを提供したり、サポートつきのシステム・インテグレーション全体を売るというビジネスが成立する。

たとえば、ウィンドウズ利用者に対するファイルサーバーを構築する場合、マイクロソフトが販売する商用のウィンドウズNTサーバーを購入する代わりに、リナックスとSambaというフリーソフトを組み合わせられれば同様の機能が実現できる可能性があり、そうなると、システム・インテグレーションに対する料金を支払ってもなお低価格で同様の環境が実現するかもしれない。また、オラクル社のデータベースを使いたいときに、サンのワークステーションを買うのではなく、リナックスとリナックス対応のオラクル・ソフトウェアを組み合わせれば、同様の節約が可能になるかもしれない。

また、ソリューションをビジネスにする者にとっては、有料のソフトウェアと同じ機能が無料のソフトウェアの組み合わせで、しかも十分に高性能で信頼性もあるものとして実現できるとなれば、これを利用するという選択肢を持つことによって、他の企業に対して大きな価格競争力を持つことができる。仕事に使うソフトウェアを、実際に仕事を取る前に購入しておき、予め利用方法などを習熟しておくということには非常に大きな初期コストがかかる。これに対し、フリーソフト／オープンソース製品群を導入しこれに習熟することには、あまり初期コストがかからない。たとえば、学生などによる低資本のベンチャー企業でも、フリーソフト／オープンソース製品群を活用してインテグレーション業務をするということなら起業しやすくなるのである。

リナックスを搭載したハードウェアを含むシステムを販売する、ないし、リナックス上で作動するソフトウェアを販売するというのも、ごく通常のビジネスである。前者については、IBM、ヒューレット・パッカード、NEC、富士通などがそろって実施している。ソフトウェアについては、Xi Graphics社のAcceleratedX、オムロン社のWnn6やオラクル社のオラクル8など多数の例がある。

このように、リナックスないしフリーソフト／オープンソース・コミュニティの中心近辺、ないし、その裾野で、さまざまなビジネスが出現しているのである。まさに、「ボランタリー経済の誕生」である。しかし、その中核が、依然として、ボランタリーな渦のような運動体であり続けているということは、改めて強調されてしかるべきであろう。

第二章

コミュニティ・ソリューションの出現

1　同時進行するグローバライゼーションとコミュニティ指向

●組織の生き残り戦略

インターネット社会では、つぎの二つの方向性が同時に進行するであろう。あとで引用しやすいように、これらを分析のための二つの軸と見立てて、それぞれをG（global）軸とC（community）軸と呼ぶことにする。

G軸―世界が平滑化しグローバル・スタンダードが支配的になる
……マーケット・メカニズムが一層重要になりグローバルな活動が必要とされる
C軸―文化的・経済的多様性と分散化が進む
……たくさんの新しい関係性が発生し多種多様なコミュニティが形成される

これから、これらの二つの軸のペアをキーワードにして、なぜインターネット社会においてコミュニティ・ソリューションが必要になってきたかを議論するのだが、ここでその議論のさわりだけを最初に述べておこう。

まず、インターネット社会におけるマクロな社会・経済行動や問題解決の方法として、

Ｇ軸とＣ軸は次のような方向性を反映したものになるであろう。

Ｇ軸─契約、リスクヘッジ、自己責任などを強調したグローバルな行動と問題解決

Ｃ軸─コミュニティに基盤をおいた活動

ミクロ組織レベルからすると、今後の企業、ＮＰＯ、行政組織は、それぞれＧ軸とＣ軸に対応する次の二つの大きな選択を迫られることになる。

Ｇ軸─グローバル・マーケットで競争するグローバル・ビジネスを展開する

Ｃ軸─コミュニティ型組織ないしコミュニティをターゲットとする組織を目指す

つまり、企業、ＮＰＯ、行政などの組織がインターネット社会で生き残るには、グローバル性に特化するか、コミュニティ性を高めるか、それとも、(かなり難しいが) その両方を同時に実行するかの三つにひとつということになる。Ｇ軸とＣ軸の組み合わせにそのことを対応させて、以下のような四つの戦略的方向性としてまとめておこう。

・グローバル指向＋コミュニティ指向─コミュニティとして活動する、ないし、コミュニティをターゲットとしながら、同時に、グローバルな存在にもなる

・コミュニティ指向―アクティブな相互性をもってコミュニティとして活動することに特化するかコミュニティに活動のターゲットを絞る
・グローバル指向―グローバルなマーケットで競争する存在として特化する
・ノングローバル／ノンコミュニティ指向―グローバルな存在でもなくコミュニティ性も薄ければ生き残れない

G軸を縦軸にC軸を横軸とした二次元空間（図2、「GC空間」）を考えると、これら四つの指向性は、それぞれ、「グローバル指向＋コミュニティ指向」が「G大、C大」の第Ⅰ象限、「コミュニティ指向」が「G小、C大」の第Ⅱ象限、「グローバル指向」が「G大、C小」の第Ⅲ象限、そして、最後の「ノングローバル指向＋ノンコミュニティ指向」が「G小、C小」の第Ⅳ象限という四つの象限に位置付けられる。

インターネット社会で生き残るには、企業、NPO、行政などの組織は、少なくとも、「GC空間」の第Ⅳ象限以外の部分にいなくてはならないということだ。生き残りに懸命な都市銀行では、合併や海外有力企業と手を組んでグローバル指向でゆくか、海外拠点などは整理して地域バンクに特化するというコミュニティ指向でゆくかのどちらかを選択するようになってきた。

図 2　GC 空間と四つの「指向」

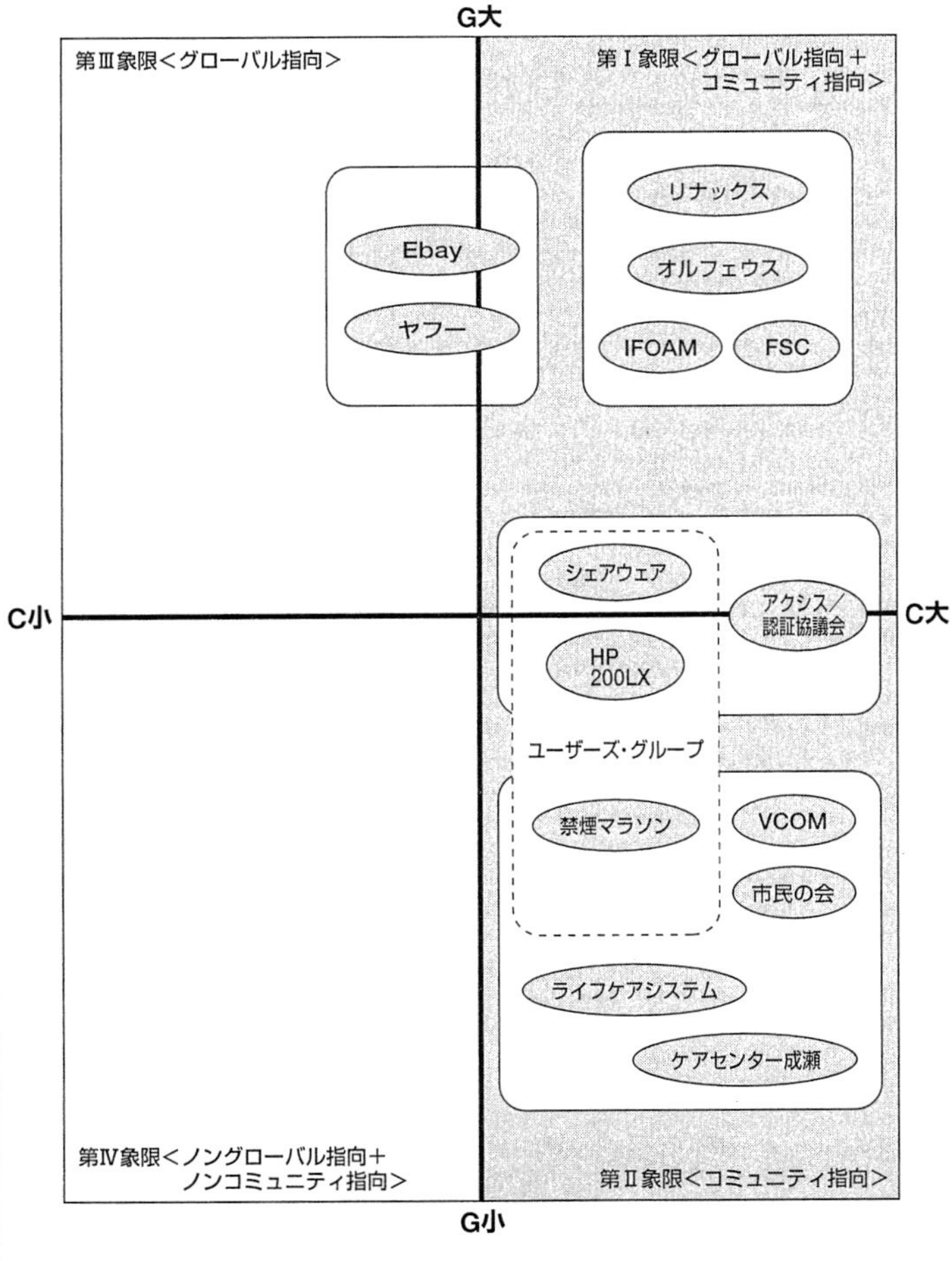

●コミュニティ・ソリューション・マップ

われわれが本書で提唱するコミュニティ・ソリューションは図2で網版を入れたエリアに位置するものである。コミュニティ・ソリューションは、主に、「コミュニティ指向」の領域、ないし、「グローバル指向＋コミュニティ指向」の領域にポジションをとって社会が抱える問題解決に当たろうというものである。第Ⅲ象限の「グローバル指向」の領域については、最近のビジネス書類が盛んに扱っているものであり、本書では、いくつかの事例に言及する以外は取り上げない。

本書で取り上げるコミュニティ・ソリューションの事例を、この「GC空間」にマッピングしておこう。第一章で説明したオルフェウスやリナックスはコミュニティ指向が強いと同時にグローバルな存在であるから、どちらも、「グローバル指向＋コミュニティ指向」の領域に属すると考えられる。この領域に属するものとしては、他に、第四章で取り上げる、有機農産物と森林のグローバル・スタンダードを作っている国際NGOである、IFOAMとFSCの例がある。本章で検討するシェアウェアやHP200LXを開発したユーザーズ・グループ、それに、第四章で紹介する、岩手県の有機農産物の認証団体であるアクシス／認証協議会は、いずれも、コミュニティ指向が主であるが多少グローバル指向もあるという事例である。

本章の第二節で取り上げる、われわれが、近年の日本における「コミュニティ・ソリューションの原点」と考えている阪神淡路大震災のときのNPO「市民の会」は典型的なコミュニティ指向のケースである。コミュニティ指向は、他に、ユーザーズ・グループのバリエーションとしてあとで紹介する「禁煙マラソン」がある。また、第三章で詳しく議論する東京都町田市のケアセンター成瀬や、少しだけ言及する会員制二四時間在宅ケアサービスのライフケアシステムもコミュニティ指向の典型例である。このあとで詳しく紹介するVCOMもコミュニティ指向である。

インターネットを活用したグローバル企業のうちの主なもののなかには、意外にもコミュニティ指向の色合いが多少あるものが存在するということを以下で指摘する。詳しい説明はしないが、一応、それらの代表としてインターネットでオークションを実施しているEbayとインターネット情報検索サービスのヤフーをグローバル指向を基盤にして多少コミュニティ指向も持ったものとして位置付けておく。

●インターネット社会

以下では、コミュニティ・ソリューションがなぜ出現してきたかについて、G軸とC軸というキーワードを巡っての詳しい説明と議論を展開してゆこう。

まず、冒頭で述べたG軸とC軸の最初の表現を考えよう。

G軸――世界が平滑化しグローバル・スタンダードが支配的になる

……マーケット・メカニズムが一層重要になりグローバルな活動が必要とされる
C軸――文化的・経済的多様性と分散化が進む
……たくさんの新しい関係性が発生し多種多様なコミュニティが形成される

これら二つは、一見逆の方向を向いているようで、実は、表裏一体のものであるという説明から始める。

インターネット社会においては、誰でも、どこにいても、世界中の情報に瞬時にアクセスできる。だから、これまで、物理的制約、ないし、情報の欠如があることによって成り立っていた二番手、三番手は競争力を失う傾向が強まる。つまり、「一番」に需要が集中することになりやすい。たとえば、品揃えが悪いのに家に近いからということで近所の人が立ち寄っていた本屋は、四〇〇万種類の本のうちどれでもワンクリックで注文できるインターネット書店に負けてしまうだろう。レストラン情報がインターネットに載っていて、グルメ専門家や一般の人の意見や採点がいつでも調べられるようになったら、ただ駅前に立地するということでそこそこお客が来ていた味の悪い店は存続が危なくなるだろう。

はじめてコンピュータを使うなら、やはり周りのみんなが使っているウィンドウズにする人が多いだろう。フリーのプログラマーがどうせ同じ時間とエネルギーを費やすならマッキントッシュではなく利用者が圧倒的に多いウィンドウズのソフトウェアを作ったほうが効率良く稼げると思っても不思議はない。こうやって、ウィンドウズの「ひとり勝ち」

はさらに顕著になる（リナックスはそこに挑戦しているからみなの関心を集めるのである）。

銀行がつぶれ、証券会社が店じまいするという望ましくないことがつぎつぎに起こりかねないというのに、それでもなお、日本版金融ビッグバンを推進しなければならないというのは、日本だけの特殊事情（＝護送船団方式）を主張していても世界に通用せず、グローバル・スタンダードを受け入れざるをえなくなったからだ。

ゲーム理論では、このような「ひとり勝ち」のことを「バンドワゴン現象」ないし「ネットワーク外部化」と呼んでいる。前章で「winner-take-all」と言った現象と同じものである。グローバル化による平滑化は、このように、うっかりしていると、グローバル・スタンダードに呑み込まれてしまうということを意味する。

しかし、世の中が標準化するということは、それだけ既存の組織やシステムが無力化して、従来は認められていなかったさまざまな微小な力が影響力を発揮しやすくなるということでもある。つまり、無数の「一番」ができる可能性が開けるのである。

ホームページがいい例だ。ホームページの普及によって、これまでマスコミに集中していた情報発信のパワーバランスが大きく揺らいでいる。誰でも、（各国語で書けば、であるが）自分の情報を世界中の人に読んでもらうことができるからだ。それは、インターネットおよびホームページ形式という世界標準ができた結果にほかならない。

インターネット上には数億のホームページがあるといわれるが、その数は日々増大している。

劇作家の山崎正和は『大分裂の時代』(中央公論社、一九九八年)の中で、現在のインターネットを古代アレキサンドリアの「世界図書館」と対比させた。それが出現したのは紀元前二九〇年ごろで、ギリシャ都市国家の秩序が崩壊した時代の大きな転換期だったという。世界図書館の場合は、いくら時の権力者が偉大だったとしても、本や作品をひとつひとつ、その場所にもって来る必要がある。インターネットはデータとデータをつなぐだけでいい。しかも、インターネットの普及は速い。いくつかの代表的なメディアについて、そのメディアが登場してから五〇〇〇万世帯に普及するまでにかかった年数をあげてみると、新聞が一〇〇年、ラジオが三八年、テレビが一三年、ケーブルテレビが一〇年であったのに対して、インターネットは五年である。

知識を全部ひとところに集める必要がないということは、単に便利であるということを超越する。インターネット社会では「知の在り方」自体に基本的な変化が起こる。山崎は、二〇世紀末に起こっている「革命」によってもっとも脅かされているものに、「二百年の歴史をもつ国民国家、ほぼ同じ歴史を誇る製造産業、さらには、体系化をめざす知識」があるとコメントしている。

従来の大学では学生は先生か図書館を介してしか知識にアクセスできなかった。社員は直属の課長を経てからしかアイディアを部長や取締役に伝えられなかった。インターネットによって、それが変わった。インターネットが象徴する変化——それを革命と呼ぶかどうかは別にして——の基本をちょっと誇張して言うなら、それまで、人が「学生」とか「平社員」という身分、大学とか企業という機関など、固定化された「家」の中だけで生活していたのが、生活圏が世界中に拡大されたということだ。直接コンタクトする可能性がある人の数が、一気に増えた。個人と世界がクリックひとつで直結している。関係性がすでに存在している。世界から自分がアクセス可能である。そのような社会においては、これまでに成立しえなかったさまざまな新しい関係が発生する。

●VCOMプロジェクト

このところ、ネットワーク・コミュニティと呼ばれるたくさんの「組織」がつぎつぎに誕生している。主にインターネット上で連絡をとりあい、多くの場合、ホームページを存在の証しとして、多様な人が自発的に集まってできたグループだ。ネットワーク・コミュニティが多く出現しているのは、主に、ボランタリーな活動をする非営利の分野である。地域コミュニティ、障害者支援、働く女性のネットワーク、高齢者によるまち起こしと若者との交流、アトピーの子供をもつ親のグループ、環境問題のグループ、などなど、その目的や活動分野は多種多彩で、多くは非常にアクティブで、全体として、まるで、ネットワーク上に、「もうひとつの国」を形成しているかのようだ(1)。

一九九八年度の郵政白書にも、このようなボランタリーなグループによるインターネット活用についてかなりのページ数が割かれた。以下では、私が個人的にかかわっているV

(1) リップナックとスタンプスがかつて『ネットワーキング—ヨコ型情報社会への潮流』(社会開発統計研究所訳)、プレジデント社、一九八四年、で描いたものが、インターネットの普及でぐんと加速して、マイナーな存在ではなくなってきたともいえる。

COMプロジェクトの事例を紹介しよう。

VCOM（★1）はネットワーク・コミュニティ作りの実証研究プロジェクトで、慶応義塾大学の金子郁容研究室が中心となって実施されている。VCOMの中では、いくつかの自律的な「ケースプロジェクト」が実施されており、VCOMはそれらを技術的あるいは社会的に支援している。ケースプロジェクトには、たとえば、次のようなものがある（前述したように、以下は一九九九年現在のものである）。

- 全国の障害者関連ホームページを分類して探しやすくするインデックスづくりと検索サービスを提供しているCHIME's SQUARE
- 障害者の就労支援プロジェクトであるCWF（Challenged Working Forum）
- 神奈川県藤沢市と共同で実施している「市民電子会議室」プロジェクト
- 全国保育所情報など女性関連情報を提供するWOM（Women's Online Media）
- NPO法についての情報提供をする市民団体シーズによる「NPOの法的環境整備フォーラム」プロジェクト

阪神淡路大震災のときに被災者とボランティアをつなぐネットワークとして一九九五年に発足したVCOMは、障害者関連情報、女性関連情報、NPO法制度については、実質上、NPOによるポータルサイト（その分野の情報を探すときには、まずそこを訪れるというサイト）に

★1 http://www.vcom.or.jp/

なっているという定評を得ている。

ＶＣＯＭのひとつの特徴は、その組織の在り方にある。ＶＣＯＭは大学の研究グループを核にしているのであるが、大学の中にはまったく収まっていない。個人参加のボランティア、ＮＧＯ／ＮＰＯ、中央官庁、自治体、民間研究所、社会福祉法人、企業などからの幅広い参加と協力を得て存在している。組織体としてのＶＣＯＭの主な構成要素は、意思決定機関である運営委員会、システム運用チーム、実際のネットワーク・コミュニティ活動を推進しているそれぞれのケースプロジェクトのメンバーである。しかし、ＶＣＯＭを支えているのはこれらの「正式メンバー」だけでは決してない。

障害者の就労支援をするＣＷＦを例にとろう。ＣＷＦの「目玉サービス」は「ジョブマッチング情報広場」という情報サービスである。これは、障害者の就労機会をより豊かなものにすることを目指してインターネット上に公開しているデータベース・サービスで、一方で仕事を探している障害者が自分の情報を登録し、他方で障害者を雇用したい、または、障害者団体に仕事を発注したいという企業や団体が求人情報や委託事業の詳細を登録する。ＶＣＯＭでは仲介などは一切行わず、情報の受け皿だけを提供している。この「ジョブマッチング情報広場」には、一九九九年四月現在、五〇〇件を超える仕事を求める情報と、三〇あまりの企業や団体の求人情報が登録されている（二〇〇二年現在、求職情報登録数は三六〇〇を超えている）。これまで、このシステムを利用して、実際に障害者の雇用が成立したという例も出ている。

ＣＷＦは、正式には、数人の有志によって実施されているのであるが、障害者の支援を専門にする社会福祉法人であるプロップ・ステーションと東京コロニーとの共同事業を実施したり、労働省、労働省の外郭団体である日本障害者雇用促進協会、日経連障害者雇用相談室、企業人事担当部署などからの個人参加者が協力している。また、ジョブマッチング情報広場の技術支援をするために富士通や日本オラクルからのボランティア参加のメンバーもいる。ジョブマッチング情報広場の利用者は少なくとも数百人はいる。これらの個人や団体からなる多様体がＣＷＦを作り上げている。ＶＣＯＭでは、このように、ボランティアや専門家や技術者の複合体であるそれぞれのケースプロジェクトが集まったものとして成り立っているが、おのおののケースプロジェクトは、ケースリーダーに任せてあるので、ＶＣＯＭの全体像は運営委員長の私もきちんとは把握していない。

ＶＣＯＭのメンバーは何人いるのか。どこまでがメンバーなのかはっきりとしないが、ＶＣＯＭシステムに個人アカウントをもっている中心メンバーが約一三〇人、運営委員、システム運用チームメンバー、それぞれのケースプロジェクトに正式に参加している人を合わせて約三〇〇人である。ＶＣＯＭが運用している一五〇個近いメーリングリスト（ある一定のインターネット・アドレスにメールを出すと、あらかじめ登録してあるメンバー全員にそのメールが同時に送られるというコミュニケーション・ツール）の利用者は延べ二五〇〇人程度いて、これらの人たちが「ＶＣＯＭメンバー」の外枠であろう。社会的なインパクトは比べるまでもないが、インターネット上に存在するコミュニティとして、リナックスとおおよそ同じくらいのサイズをもったプロジェクトである。ＶＣＯＭホームページには毎月数十万のアクセスがある(2)。

一三〇人の社員と二五〇〇人の固定客がいて、毎月数十万の問い合わせがある会社といえば、これは大変なものである。ＶＣＯＭは、そのほとんどの活動をインターネット上で、各メンバーが自発的に自分の責任がとどく範囲で行っている。運営委員長の私は権限をもった社長でも理事長でもなく、全体の方向性を提案し、トラブルを解決し、インターネット・リソースを手配し、また、それぞれのケースプロジェクトにおける自発的活動が全体としてうまく回るように気を配っている編集者のロールを負っているだけである。

ＶＣＯＭのような活動が可能になったのには、もちろん、インターネットが普及したという要素がある。しかし、インターネット自体はコミュニケーションのツールでしかない。より本質的なのは、ＶＣＯＭが、インターネットが作り出した（ＮＰＯにとっての）いわば、「ビジネスチャンス」を生かしたということである。切実で重要なニーズがあるのに、経済的には成り立たないので企業は手をつけず、行政は気がついていないか、その役割上、手が出せないでいるためにポッカリ空いた部分を多少とも埋めたのがＶＣＯＭである。

もう少し広い視点で言えば、ＶＣＯＭが成立したのは、インターネット社会の進展によって、政府や企業という既存の組織の力と重みが相対的に低下し、重要な情報をもっていてそれがつながる仕組みを作り出すのは企業や行政ではなく、実は、われわれひとりひとりである、そんな共通意識が浸透してきたからだと思う。

(2) ＶＣＯＭのメーリングリストにおけるトラフィックは、一日あたり総計五〇から一五〇通で、多いときには五〇〇通以上のメールが飛び交う。また、ＶＣＯＭにおけるＷＷＷのアーカイブは全部で七〇〇Ｍバイト程度あり、総ファイル数は四万六一五〇、うちhtmlファイルは五四〇〇である。ＶＣＯＭへの一日あたりのhtmlファイルへのアクセス数は、三〇〇〇から五〇〇〇である。

たとえば、ここで紹介した障害者就労のためのジョブマッチング情報広場は、普通なら、行政のやる仕事ではないか。そんな風に考えるのは、インターネット社会以前の発想だ。よく考えてみると、このような情報サービスは、実は、行政にはできにくいものなのだ。求人情報なら発信者である企業をコントロールすればいいが、自分の情報を勝手に登録してくる全国の何百人という障害者のそれぞれを行政機関が把握して情報の信憑性を担保するなどということは至難の業である。ＶＣＯＭは、ジョブマッチング情報広場は自発的に提供された情報の受け皿にすぎませんよ、ときちんと断わっている。それ以上のことをするロールを負っていないからこそできることである。ジョブマッチング情報広場に登録された情報の実際のマッチングを支援するのは、たとえば、障害者の職業紹介の事業認可を労働省から受けている、ＣＷＦプロジェクトのパートナーのひとりである、東京コロニーなどがやってくれれば、それでいいのである。

●インターネット犯罪

インターネット社会では、人やものごとが自由につながれ、ありとあらゆる関係が自発的に発生してゆく。権限や権威に基づく行動、強制力をともなう統制、上からの指示による秩序の形成、固定的な関係や体系、ピラミッドのような組織図をもった仕事の仕方は、次第にその効力を低下させてゆく。そのような原則に基づく組織は崩壊の危機にさらされ、既存の秩序に大きな変更が加えられる。それは、企業、ＮＰＯ、行政、個人にとって、大きな「ビジネスチャンス」の到来を意味する。その一方で、個人や社会のリスクも高まる。岩波書店の「叢書インターネット社会」で、弁護士の牧野二郎は、インターネット社会で発生している次のようなさまざまな新しいタイプの犯罪について述べている（詳細は、『市民力としてのインターネット』を参照していただきたい）。

・ＩＤの不正利用によるなりすまし
・インターネット・ストーカー
・クラッカー、ＳＰＡＭ
・ねずみ講
・個人情報の漏洩
・暗号に対する政策の遅れ（国内）
・猥褻物に関するプロバイダーの責任

インターネット犯罪は、それぞれ、重大な問題であるが、全体としてさらに深刻なのは、しばしば、インターネット犯罪を取り締まったり刑罰を執行すること自体が難しいということである。

たとえば、「ねずみ講」に関して実際に起こったことだというが、犯罪者がネットワーク上でつぎつぎに逃げるスピードが速いので、取り締まりが追い付けない。ネットワーク上の存在は、簡単に削除したり変更できるので本人の特定が難しい。人のクレジットカードを盗んで銀行のＡＴＭでお金を引き出せば防犯カメラで顔が割れるが、インターネット上でカードの番号を盗んでも、見つかりにくいし、そもそも、何の罪にあたるか明確でない。法律が通用する範囲は通常国家の主権の及ぶ範囲であるが、インターネット上で行われる犯罪は、どこで行われているかの特定が難しい。第一章でＳＰＡＭの話をしたが、悪質なメールが来たとしても、発信元を偽造することは簡単であるし、直接の発信元は利用されているだけで、その人自身が被害者であるかもしれない。

技術的な問題もある。暗号化されたメールは電子的な「鍵」がないと解読できないので、手がかりとなるはずのメールも警察当局が読めない。よくないことを企む人はそれなりに技術レベルが高い人だろうから、取り締まるほうも技術がなければならない。フェラーリで逃げる犯人を自転車で追いかけることはできない。クラッカーをつかまえるにはハッカーがいる。

ホームページで犯罪をそそのかしたという疑いのあるケースが問題になることがある。ホームページを開設すれば、不特定多数に情報を提供でき、情報交換の場も簡単に作れるというインターネットの特性を利用したということ自体にはなんら犯罪性はない。問題はそこに悪意があったかどうかであるが、悪意や犯罪性の判断は、捜査、検挙、裁判などという時間と手間のかかる公式プロセスを経てはじめてできるものである。そのスピードはインターネットにくらべて、気が遠くなるほど遅い。

●森林保全はなぜ進まないのか

上述のようなインターネット犯罪への対応の難しさは、公式の権限をもった統制がインターネット社会では、なかなか効果を発揮しえないという一例である。そのようなことは、もちろん、コンピュータの世界だけで起こっているのではない。次に、森林保全の例を見てみよう。

森林保全の問題が広く一般の人々の注目を集めるようになった契機は、一九九二年にブラジルのリオ・デ・ジャネイロで行われた「地球サミット」(国連環境開発会議)であろう。それ以前の一九八〇年代は、熱帯林への関心に絞られていた。八〇年代なかばには熱帯林保全へ貢献することを目的とした、TFAP(熱帯林行動計画)とITTO(国際熱帯木材機関)という二つの機関が設立され、国際的取り組みが開始されている。TFAPはFAO(国連食糧農業機関)によって設置されたもので、開発援助をすることによって林業プロジェクトの計画や調整の改善を図ろうというものである。一方のITTOはUNTD(国連貿易開発会議)のもとに設立された商品協定で、熱帯木材の貿易拡大と森林保全の促進という相反する二つを目的としたものであるが、あまり進展はない。

地球サミットでは、森林について多くの議論があったが、会議で最終的に採択された「森林原則声明」は拘束力のないものであった。地球サミットでの「アジェンダ21」の実施状況をモニターし、必要な勧告を行う機関として、CSD(持続可能な開発委員会)が一九九三年に設置され、そのもとにＩＰＦ（森林に関する政府間パネル）とＩＦＦ（同政府間フォーラム）が作られた。ＩＰＦは森林プログラムの策定と森林資源調査の実施に関する「行動計画」を発表したが、貿易と環境の調整の方策について、また、森林関連条約など法的手段の策定などについては結局合意できずに検討課題として残った。ＩＦＦでの議論の進展もはかばかしくない。

このようなさまざまな国際的な公式の取り組みにもかかわらず、森林の消失は止まるばかりか増大している。ＦＡＯの統計によると、熱帯林消失面積は一九八〇年の一一三〇万ヘクタールから一九九〇年には一五四〇万ヘクタールになっている。現在、熱帯林は毎年〇・六％の割合で消失しているという。多くの温帯地域については森林面積は減っていないが、森林の質の劣化が懸念されている。

森林保全に限らず、グローバルな環境問題の解決には、各国の政治的思惑がぶつかり、経済的利害も一致しないことが多い。したがって、国際条約や協定を結ぶという公式の問題解決アプローチはなかなか実現しないし、実現してもかなりの妥協の産物となる可能性が高いので実質上の効果は必ずしも明らかでない場合が多い。そこで登場してきたのが、国際的ＮＧＯ連合体による認証制度という、基本的にはボランタリーなアプローチである。第四章で続きをお話しする(3)。

●「大きな政府」か「小さな政府」か

（3）一部の環境ＮＧＯは熱帯林の伐採禁止を目指して不買運動をくりひろげた。オランダやドイツ政府、アメリカの自治体などはそれに呼応して政府資金を拠出する建築物には熱帯材の使用を禁止するという措置をとった。オーストラリア政府は徹底しており、一九九〇年には持続可能な森林管理を行っていない国からの熱帯材輸入を禁止した。しかし、その後、この措置の有効性が疑問視され、また、不公平であるという熱帯諸国からの圧力もあって、結局、一九九二年にはこの法律は廃止された。このような一方的な規制は、それがＮＧＯから提案されたものだとしても、やはり、なかなかうまく効果を出せないのである。

公式の権限や強制力をもった命令などが必ずしもうまく働かなくなったインターネット社会においては、ボランタリーな行動、インフォーマルな行動、人にアピールする行動が、どんどんつながりをつけてゆくという情報の広まり方がひとつの主流となる。

自己完結したフォーマルな情報、公式プロセスに裏打ちされた行動は、しばしば、アピール度が弱く、つながりがつかない。インターネット社会では、その代わりに、オルフェウスのリハーサルで行われるように、自分で実践してみせること、自生したインフォーマルなルールへ自発的に同意すること、進んでルールを守ることでコミュニティを盛りたてること、フリーソフト／オープンソースのライセンスのような必ずしも法的拘束力のない「紳士協定」を、仲間のサークルからはずされたくないから、また、そのほうが自分にも全体にも快いから遵守すること、それに自主的な基準や認証など、ボランタリーでインフォーマルなものごとの伝え方と問題解決の仕方がより一層の影響力と効力を持つ傾向にある。そして、それらは、成立の基盤として国家ではなく、コミュニティを必要としている。

しかし、これらは「ひとつの」主流である。主流は、実は、もうひとつある。それは、ボランタリーな協力やインフォーマルなルールなどには見向きもしないハードライン派で、インターネット社会では、これまでより以上に個人の責任が重要だと考える人たちの行動や問題解決方法である。この方法は、インターネット社会においても重要で大きな存在となる。キーワードは、契約であり、リスクヘッジであり、自己責任である。前者はCの軸、つまり、コミュニティを基盤にした軸にそった問題解決を指向するのに対して、後者はG

の軸、つまり、グローバル・スタンダードやグローバル・ビジネスに照準を合わせた問題解決を目指すのである。

つまり、インターネット社会における二つの対照的な行動／問題解決軸は次のとおりである。

G軸―契約、リスクヘッジ、自己責任に基づいたグローバルな行動と問題解決
C軸―コミュニティ・ソリューション

「大きな政府」か「小さな政府」かという議論がある。社会・経済システムの運営を、政府を中心に行うか、それとも、市場に任せるかというものである。歴史的には、次のように展開されてきた(4)。

最初の「小さな政府」論者は、価格による自律的調整メカニズムを「見えざる手」と呼んだアダム・スミスである。市場経済は一八世紀から一九世紀にかけてのかなり長い期間において調子がよく、資本主義と自由経済は右上がりに発展してきた。しかし、経済制度というものは、ある一定のメリットがあると認められるとそれ自体のエネルギーと慣性で動き出し、繁殖し、その結果なかば必然的に、さまざまな矛盾や問題を生み出すことになる。市場システムにとっての最初の大規模な「市場の失敗」は一九二〇年代おわりから一九三〇年代にかけての「大恐慌」という形で登場した。

(4) 「大きな政府」vs「小さな政府」の議論の詳細は『ボランタリー経済の誕生』を参照していただきたい。

この苦い経験を経て、市場主義に対する批判や疑問が出され、政府の介入が必要だという認識が広まった。「大きな政府」論の台頭である。そのころ各国政府が採用しはじめたケインズ経済学も、金融・財政への介入の必要性を説くものであり、実質的に「大きな政府」の理論である。

「大きな政府」は、一九六〇年代の好景気もあり、いわゆる「福祉国家」の台頭に代表される政府支出の歯止めのない増大をもたらすようになった。そこで、一九八〇年代になってイギリスのサッチャリズムとアメリカのレーガニズムによる「小さな政府」への揺れ戻しがあった。

両者のこれまでのシーソーからすると、次は「大きな政府」の再登場であろうか。それはない。インターネット社会において、政府の有効性が限られていることは明らかである。政府は依然として税金を納めさせたり、ときおり貿易交渉を行ったりという重要なロールはもっているであろう。しかし、これからは、絶対的権限をもった唯一のプレーヤーではなく、重要なプレーヤーのひとりという位置付けになるはずだ。

つまり、「大きな政府」か「小さな政府」かではなく、これからは「小さい政府とグローバル・マーケット」か「コミュニティ・ソリューション」か、という議論になるだろう。たとえば、イギリスのトニー・ブレア首相が志向しているものも「大きな政府」ではなく、コミュニティ・ソリューションに近いものと思われる。

●情報コストと信用コスト

マクロの経済構造として、今後、グローバル・マーケットとコミュニティ指向への流れがあることを説明したのだが、企業の内部組織というミクロのレベルでもG軸とC軸への二極分解が起こる。以下ではウィリアムソンによる取引コスト(5)という経済学でのコンセプトを使って、インターネット社会の進展が企業組織に与える影響を考えてみる。

取引コストとは市場に参加することで発生するコスト、つまり、市場において需要と供給のマッチングが成立するためのコストである。企業の内部組織をヒエラルキー組織であると考え、市場という「海」になぜ企業というヒエラルキーの「島」が発生するのかを説明するのが取引コスト経済学である。

具体的にいうと、取引コストは、(i)市場で自分がほしい情報を見つけてくるための情報検索のコストや、自分が提供する商品やサービスを市場で広く知らしめるためのマーケティングのコスト、つまり「コミュニケーション・コスト」、それに、(ii)取り引き相手がインチキをするという可能性を想定して契約を結んだり、保険をかけたり、契約条件が守られているかをモニターするために発生する「信用コスト」、の二つに分けて考えることができる。

市場という海の中にどうして企業というヒエラルキーの島が誕生するのか。取引コスト・アプローチはその問いにこう答える。企業組織を作って情報検索やマーケティングに組織的に対応することで個人の情報処理能力の限界は拡大される。また、ヒエラルキー的

(5) O・ウィリアムソン『市場と企業組織』(浅沼万里・岩崎晃訳)、日本評論社、一九八〇年。

統制があるから社内については信用コストは低く抑えられる。つまり、取引コストの低減を実現するために企業というヒエラルキー組織が形成されるという説明である。ウィリアムソンの議論は、結局、情報をヒエラルキーの権限の傘の下に収めることで取引コストを抑えることができるということに根拠を置いているのである。

インターネット社会の進展は取引コストにどう影響を与えるか。インターネットの普及によって、情報検索やマーケティングのためのコミュニケーション・コストが急速に低くなっていることは議論をまたない。したがって、人の情報処理能力の限界を補うためにヒエラルキー組織を作るという理由は希薄になった。

ソフトバンク社長の孫正義が郵政省のある委員会でプレゼンテーションをしたところによると、一九九九年になって、時価総額（プレゼンテーションは九九年三月一六日）でヤフーがソニーを抜いた。物理的な販売網をもたないインターネット通販のコンピュータ・メーカー、デルの時価総額は一九九九年になってトヨタを抜き、インターネット書店アマゾンやインターネットの競売サービスEbayなども一九九九年にその時価総額を急速に伸ばしている。一九九九年四月末になって、アマゾンやEbayなどを含む、アメリカ株式市場のインターネット関連株が大幅に下げ、その後、一部戻した。これはグローバル市場で競争することの厳しい一面を示している動きである。

これらの企業に共通するのは、インターネットを活用することで、取引コストを劇的に低めているということである。Ebayを例にとれば、実際に人を集めて競売をするとなれば、一日八時間びっちり競売を行い、ひとつのアイテムを五分で処理するとしても、扱えるのは一〇〇アイテムいかない。Ｅｂａｙでは、顧客と売り手同士が、勝手に自分たちで競売をしてくれるから取引コストがきわめて安くあがるのだ。市場を介した通常のビジネスの場合、大ざっぱに言って売値の二〇％が中間流通、もう二〇％が宣伝広告のコストだというのがひとつの目安である。インターネットの利用によって、その合計である四〇％分の取引コストの部分が潜在的にはゼロになる可能性があるのだ。

信用コストについてはどうであろうか。インターネットによって、社内に限らず広い範囲の多様な人と直接コミュニケーションがとれるようになったし、また、そうしないと企業活動が成り立たなくなっている。企業という領域をくくって、その中だけでの不確実性に対処してもあまり意味がない。さらに、社内に限っても、部署や権限の範囲を越えた直接的で双方的な情報のやりとりが日常化しているわけだから、企業のヒエラルキーによるコントロールの効果は低くならざるをえない。つまり、企業というヒエラルキーを作っても、信用コストはあまり低くできない。

つまり、インターネットの進展によって、情報検索コストについてもマーケティング・コストについても、また信用コストについても、それを減らすために従来型のヒエラルキー組織を作るという誘因は低くなっているということである。逆に、ヒエラルキー組織が大きくなるとそれだけ組織が官僚的になり機敏性や柔軟性が欠落し、組織内部のコミュニケーションにかかるコストは増大する。また、リストラに莫大な費用がかかることを考えれば分かるとおり、権限があってもそれを実施するには大きなコストがかかる。ヒエラルキー維持のためには、実は、それなりのコストがかかるということである。

結論としては、インターネットの急速な普及に象徴される時代の動きにともなって、従来型のヒエラルキー組織を形成することの優位性がしだいに失われているということである(6)。

●組織生き残りの選択肢

取引コストという概念を用いた以上の分析から、インターネット社会における企業がとるべき選択肢は、G軸かC軸か、その両方を同時に選ぶかということになる。

G軸―グローバル・マーケットで競争するグローバル・ビジネスを展開する

C軸―コミュニティ型組織ないしコミュニティをターゲットとする組織を目指す

これでG軸とC軸のペアが三つ出揃った。それらを組み合わせたのが本章の冒頭で説明した、四つの「指向」である。

・グローバル指向＋コミュニティ指向―コミュニティとして活動する、ないし、コミュニティをターゲットとしながらも、同時に、グローバルな存在にもなる

(6) このような傾向は、確かにインターネットの普及によって加速されたものであるが、インターネットそのものというよりはネットワーク的社会環境の進展によってもたらされたものである。実際、今井賢一と金子はインターネットが今のような進展をとげるとは誰も想像していなかった一九八八年の『ネットワーク組織論』（岩波書店）の中で、そのことを、「ヒエラルキー組織は動的情報をうまく扱えない」という表現で指摘した。

・コミュニティ指向―アクティブな相互性をもってコミュニティとして活動することに特化するかコミュニティに活動のターゲットを絞る
・グローバル指向―グローバルなマーケットで競争する存在として特化する
・ノングローバル指向＋ノンコミュニティ指向―グローバルな存在でもなくコミュニティ性も薄ければ生き残れない

インターネット社会において政府の影響力が低下するのは、政府がまさに、グローバルな存在にもコミュニティ指向の存在にもなれないからである。グローバルな場で競争できないが内部的には旧態依然としていてヒエラルキーがきつい中途半端な企業も、同じ理由で生き残れない。企業はグローバル指向かコミュニティ指向のどちらかを選択すべきである。最近、国際的な大企業同士の合併や業務提携が相次いでいるが、それらは、単純なグローバル指向である。グローバル指向とコミュニティ指向の両方を目指してもいいが、並大抵のことでは実現できないであろう。むしろ、NPOやボランタリーな組織のほうがグローバルでコミュニティ指向な組織を実現させる可能性が高いであろう。

一方、先に言及した、ヤフー、アマゾン、デル・コンピュータ、Ebayなど、いわゆるネットビジネスは、グローバル指向であるが、多少ともコミュニティ指向の色合いがほの見える。特に、Ebayはコミュニティ型のオークションの場を無数に生成しているのであるから、コミュニティ性があることは明らかである。ヤフーはコミュニティ・サイトであるジオシティーズを合併するなど、コミュニティ性を多少取り込もうとしているようにみえる。アマゾンやデルは、サービス利用者が自分で情報を検索したり、商品を選んだりできるというサイトを作って大成功したのであるが、これは、従来の企業と顧客の固定的な関係性を壊した相互作用を利用したということにおいて、多少ではあるがコミュニティ性をもつものであると解釈できる。

M・ケニーとJ・カレーは、インターネット上のショッピング・モールがみごとに（そして予想どおり）失敗したということを例にとって、現実世界にあるものをただインターネット上に移しただけでは成功は望めないと指摘し、成功しているインターネット・ビジネスの背後にはこれまでの現実社会では実現しにくかった新しい関係性を実現させるアイディアがあるというようなことを述べている(7)。うまくいっているインターネットモール・ビジネス（たとえば、「楽天市場」）は、多少でもコミュニティ性を取り込んでいるようだ。

グローバル指向のパワー・カンパニーの戦略については、一般のビジネス書を参考にしていただくことにして、本書では扱わない。企業活動の関連でわれわれが注目するのは、コミュニティ指向を明確に出しているものか、コミュニティ指向を中心にグローバル指向が多少混在するという傾向をもったものである。シェアウェアやユーザーズ・グループの活動などは、そのようなカテゴリーに入る典型的なものである。そのいくつかを本章の最後の節で紹介する。

NPO／NGOは、たいていがコミュニティ指向で「勝負」するということになるであ

（7）Martin Kenney and James Curry,"The Internet, New Firm Formation, and Enterprise Patterns", Business Review, Vol.46, No.2, 1998.

ろうが、力があって元気なＮＰＯはグローバル指向＋コミュニティ指向で活躍するであろう。第四章で取り上げる国際ＮＧＯはまさにそのような例だ。地方自治体はコミュニティ性を高めて行くのがいいであろう。その一例を第三節で紹介する。

●信用は情報の情報

さて、これまでは、企業やＮＰＯといった組織の視点からの分析をしてきたが、ここで個人としての問題について考えておこう。既存の社会秩序が崩れ、これまで慣れ親しんできた企業ヒエラルキー組織が相対的に無力化し、政府による統制や保証の力が衰え、しかも、インターネット犯罪が横行している。

インターネットは個人の能力を拡張させ、これまでの社会では無視されがちであった個人が力を持って情報発信でき、世界と直接つながるという「ビジネスチャンス」が広がるというプラスの面があると同時に、個人および社会全体のリスクが増大するというマイナスの面もついてまわる。これまでの議論で何回も出てきたように、インターネットのもたらす「二つの方向性」は裏腹の関係にある。

インターネット犯罪を例にとれば、それが深刻な問題になっているのは、インターネットができて世界中に急に犯罪者が増えたということではなく、情報の流通が容易なため、小さなセキュリティホールが大きな被害に結びつきやすいからである。その意味ではプラス面もマイナス面も、インターネットが持つ情報流通の力が作用しているものであるといえる。

インターネット社会では、企業やＮＰＯにとってそうであったように、チャンスが広がるとともに、リスクも増大する。家族から企業組織や国まで既存の「括り方」がうまく機能しないとしたら、新しい結びつきに基づく、新しい「よりどころ」が必要になる。これからの社会において、個人生活という視点からすると

「信用の提供」は最大の問題であり、最大の関心事

になる。信用や信頼を提供するための「よりどころ」になりうるのが、ネットワーク上のグループなどを含めた広い意味でのコミュニティであり、そこに基盤を置いて個人や社会の問題を解決しようというのがコミュニティ・ソリューションである。

信用や信頼の問題を考えるにあたっては、次のことが基本になる(8)。つまり、

信用とは情報の情報である

ということだ。

何らかの情報について、それが信頼できるものか、信憑性のあるものか、評判はどうか、

（８）山岸俊男は『信頼の構造』（東京大学出版会、一九九八年）で、「信頼」の概念を整理している。山岸は、（道徳的秩序に関する）信頼は相手の能力に対する期待と、相互関係のなかでの相手の意図に対する期待に分かれると主張し、また、信頼は情報処理の単純化ではなく情報処理の複雑化によってもたらされるものだと指摘している。ここで、複雑化するのが情報「処理」でなく、情報の相互的な「解釈」ないし「編集」だと言い換えれば、われわれの考え方とよく一致しているものである。

などという情報を付与するものが「信用」だという意味である。つまり、信用はメタ情報である。こう考えると、信用は誰が主体的に提供するのがいいかという問題に手がかりができることになる。

そして、ここにインターネット社会におけるコミュニティ・ソリューションの重要性があるのだ。それはなぜか。結論から言えば、自発的でどんどん他の情報とつながることで本来の力と魅力を発揮する情報を扱うということは、従来のヒエラルキーや一般の経済的交換市場が不得意だからだ。これは、私が『ボランタリー経済の誕生』で、そして、それ以外の別のところで繰り返し言っていることであるが、その理由を改めてかいつまんで述べると次のようになる。

あなたをコントロールする立場にある上司が「情報を出せ」と言ったら、あなたは、必要最小限の情報は出すものの、それ以上は決して出さないだろう。余計なことを言ってまずいことになっては嫌だからである。つまり、上下関係の中では豊かな情報は流通しない。誰か知らない人が来て、あなたに、情報を五〇〇円で売ってくれといったら、あなたは、一〇〇円分の情報で五〇〇円せしめようとはしても、間違っても一〇〇〇円分の情報を出すことはないだろう。つまり、マーケットにおける経済的関係の中では、豊かな情報は流通しない。いつも他の情報とのつながりを探している魅力的な情報は、あまねく、ボランタリーである。

ということは、基本的にヒエラルキー・システムに基づく既存の行政システムや企業組織、ないし、経済的交換を司るとされるマーケット・システムは、どちらも、自発的でみずみずしい情報を扱うのがいささか苦手だということになる。そのような情報は、コミュニティ・ソリューションで扱うのがふさわしい。特に、個人の信用を担保する中心的存在はコミュニティ指向の組織体になるであろう。

信用はメタ情報であるから、以上の基本的な議論は「信用の提供」という課題についてもそのまま適用される。これまで信用を提供しているのは政府か大企業だと思われてきた。しかし、政府や大企業の与信能力はかなり限定されたものになってきた。その傾向は今後、増大するであろう。となると、ますます、コミュニティ・ソリューションへの期待は高いということになる。

2 それは阪神淡路大震災から始まった

●関係の場作り

一九九五年は、一月一七日に、六〇〇〇以上の人命を奪った阪神淡路大震災があった年だ。そして、被災地めざして全国から一三〇万人を超えるといわれたボランティアがかけつけ、不幸な災害ではあったが、その一方で、日本中の多くの人が新しいつながりを発見し、自発的に行動することで予期せぬ展望が開けることを体験し、また、「人の役に立つ」ということがどんなに自分の力になるかということを実感した年だった。こういう表現は、もしかすると被災者には失礼になるのかもしれないが、第二次世界大戦を経験していない世代にとっては、なにか国中で戦争を体験したような思いがある。

大震災は、私をふくめた多くの人にとって転機をもたらした。私自身は、この年にVCOMを立ち上げ、前節で書いたようなインターネットを媒介にしたボランタリーな活動支援を本格的に始めた。一九九八年に富士通社長になった秋草直之は、社長就任の会見で入社してからもっとも思い出深かった出来事は何かと聞かれ「阪神淡路大震災だ」と答えた。当時、関西統括の任にあった秋草は自身が芦屋のマンションに住んでいたので、家もまわりもめちゃめちゃになるという体験をした。

震災発生後、一週間ほどで私は被災地におもむき、いろいろな人の意見をきいて、私の役割として、インターネット上に被災者とボランティアをつなぐ情報共有の場を作るのがいいと考え、その作業に没頭していた。その関連で、神戸の湊町にあった障害者支援センターや淡路島一宮町のボランティアセンターなどにパソコンセットを送って現地の情報をネットワーク上に流してもらったり、ボランティアや支援NGOとの連絡に使ってもらった。そのとき、富士通に一〇セットほどのパソコンを寄贈していただいたことがある。そのときの富士通側の責任者が秋草であった。

依頼してからほんの一週間ほどでパソコンセットが送られてきた。しかも、現地の富士通関連会社のSE（システムエンジニア）が、パソコンを実際に利用する団体の事務所まで足を運んで、パソコンの立ち上げやパソコン通信の接続をしてくれた。大企業にしては、非常に素早い、きめ細かい対応だと感心したものだ。あとで話を聞くと、パソコンは、近隣のショールームから集めたものだったという。

秋草は、多くを震災から学んだと言っている。雑誌プレジデントに掲載された私との対談で、秋草は、次のように話している。富士通はメーカーではあるが、今後は顧客が必要としているサービスを通じてソリューションを提供する企業になるという文脈である。

秋草 もちろんビジネスですから、最終的な評価はカネになりますが、その評価はお客さま側がされる話です。富士通が一〇〇の力を出しても、お客さまが三〇と評価される場合もあれば、三〇の力で一二〇の評価をしていただくこともある。きわめてアナログなんですね。それまでのハードウェアを中心とした製品は、性能や機能に準じてこちら側が評価を決めていた。ところがサービスでは関係が逆になるんですよ。

金子 評価を相手に委ねるということはボランティアの基本です。

秋草 そうです。ある意味で、不安定な関係でも続けて行くことによって、どこかで関係が収束してゆく。そのつど、損した、得したという関係ではなく、三年、五年と継続した関係の中で、お互いに「よかった」と思えれば、お客さんとわれわれはウィン・ウィン(9)の関係になってゆく。それでいいんじゃないかと思いますよ。

サービスを提供することが、「関係の場」を作ることだという考え方は、われわれがい

(9) win-win：双方に利益が上がること。

っているコモンズにも相通じるものがある。

●市民の会

さて、話を元に戻して、被災地の現場では、たくさんのボランタリーなグループが、必要に迫られて誕生していた。三ノ宮ちかくの毎日新聞社内で定期的に行われたボランティア連絡会は、毎回、すごい熱気だった。以下で紹介するのは、通称「市民の会」と呼ばれるボランティア・グループの活動である。いまから思うと、「市民の会」が作ったのは、ボランタリーな情報の共有地、関係の場、つまり、われわれの言っているコモンズである。そして、そこで共有された情報によって、大量のボランティアが自ら自分たちを必要としている現場に赴いた。「市民の会」は、ほかの誰もできなかったことをやってしまったのであるから、まさにコミュニティ・ソリューションである。

阪神淡路大震災については、いろいろなところで書いたり話したりしてきた。この事例についても、一度、ある本の一部として書いたことがある(10)。しかし、阪神淡路大震災は、日本のボランタリー・ムーブメントの原点であり、現代におけるコミュニティ・ソリューションの発祥である。そのことを記録にとどめておくためにも、今回は、コモンズとコミュニティ・ソリューションという新しい視点から、改めて編集し直して掲載することにした。

正式名称を「被災地の人々を応援する市民の会」というこのボランティア・グループは、

(10) サイバー社会基盤研究推進センターほか編/野村総合研究所情報リソース部『サイバー社会の展望』、野村総合研究所、一九九六年。

十幾つかの市民団体が集まって急遽結成されたもので、その本部は当時大阪方面から電車で行ける西端であった阪急西宮北口駅から徒歩数分の教会の一角に設けられた。震災発生三日後の一月二〇日のことであった。ほんの一〇畳ほどのスペースに数名から十数名のスタッフが詰めていたこの拠点に、毎日数百人、多い日は七〇〇人からのボランティアが押し寄せた。「市民の会」は、少ない人数と限られたリソースにもかかわらず、大きな具体的成果を上げたのであるが、そこには何日かの実践の経験に基づいて現場のスタッフが編み出した一連の方法論がある。私が現地を訪れた日を例にして、「市民の会」の典型的な一日を紹介しよう。

一九九五年一月二五日の朝一〇時ごろに私が「市民の会」に着いたとき、事務所の中はたくさんのボランティアと事務所のスタッフでごったがえしていた。部屋のひとつの壁には大きな紙が貼ってあり、フェルトペンで数十のマス目に区分されている。ひとつひとつのマス目がボランティアの仕事に対応している。要するに、壁全体がボランティア募集の求人情報が書かれている掲示板になっているのだ。前の日までに集まってきた情報に基づいて、スタッフはこれらのマス目のひとつひとつに、どこでどんな仕事があり何人のボランティアを募集しているかなどの必要項目を早朝までに書き込んでおく。先に紹介したVCOMの「ジョブマッチング情報広場」がインターネット上でやっているのと同じ、マッチングサービスである。

朝の九時ごろをピークとして、大勢のボランティアがやって来る。日本全国から来たこれらのボランティアの多くは若者だが、年配の人や、有給休暇をとって、またはボランティア休暇制度を利用した企業人も混じっている。なかには、パソコン通信のボランティア募集の記事を見て駆けつけた者もいる。大半ははじめてボランティアに挑戦する人たちだった。

事務所の中に入るときに、私たちはひとり一枚のポストイット（裏の一部に粘着剤がついている付箋で、貼ったりはがしたりできるようになっているもの）を渡される。その表に自分の名前を書くのだという。掲示板を見て、それぞれが関心のある、自分でもやれそうなボランティアの機会を選んで、名前を書いたそのポストイットをそのマス目に貼る。

私は、避難所のひとつの今津小学校でのボランティアに行くことにした。五分もすると、募集されていた一〇人が集まった。即席グループのでき上がりだ。部屋の中は混んでいたので、スタッフのひとりに促されて道に出てミーティングが始まる。まずは簡単な自己紹介をした後で、佐藤君という大学一年生をリーダーとすることになった。彼が前日に別の避難所に行ってボランティアをしたので、その経験を生かしてということだ。このグループには彼の父親ほどの年の私のほかにも須磨区から来た三〇代と思われる保健婦さんや大学院生もいたが、佐藤君はみなから推されるとものおじせずにすぐにリーダーを引き受けた。こういうときになると、普通、日本人は「謙譲の美徳」を発揮して、自分からやると言い出す人が出にくい。しかし、「市民の会」に来たボランティアたちに限っては、リーダー選びでいらぬ時間をとっているグループはないようだった。

次に、スタッフがグループの行き先を示した地図と注意事項が箇条書きにされた紙をリーダーに渡し、いくつかの注意事項を読み上げて確認する。その主旨は、なによりも、ボランティアの都合でやるのではなくボランティアを受ける立場を優先してやってくれということ、そして、ここから先は自分たちで状況判断をして、グループが一番いいと思ったことをして欲しいということだ。特に、行った先で何らかの理由で仕事がないことが分かったら、「市民の会」に帰ってこないで、その場で情報収集して自分たちでできることを探してくれということが強調される。ただし、行き先が変わったら電話などでそのことを本部に知らせる。グループの行き先が変わったという連絡があれば、スタッフが該当する人のポストイットを対応する別のコマに移すのであるが、そうすることでそれぞれのボランティアがどこにいるかが把握できる。

渡された地図を頼りに三〇分ほど歩いたわれわれグループは目的地に到着したのであるが、行って見るとそこではボランティアはその日すでに十分来ているのでとりあえず間に合っているとのことだった。今津小学校は西宮市でももっとも大きな避難所のひとつで、大きいからボランティアもたくさん必要だが、よく知られているのでそれだけボランティア希望者も大勢やってくる。「市民の会」の掲示板の情報は前日に集めた最新情報なのであるが、被災地では状況は刻々と変わるから掲示板どおりに行かないケースもたくさん起こってくる。

今津小学校にいた先生のひとりが「昨日、息子が津門《つと》中学校にボランティアに行ったら人手が足りなかった」と教えてくれ、そこまで道案内してくれることになった。また二〇分ほど歩いて津門中に行ってみると、しかし、そこでもすでに十分な人数のボランティアが来ていると告げられた。そこの先生の情報で、道を隔てた隣の津門小学校は規模が小さくてボランティアをあまり見ていないとのこと。早速そちらへと移動した。するとそこには実際、ひとりもボランティアが来ていない。三カ所目にしてわれわれグループはやっと仕事にありついた。

津門小学校では、それまで作る機会のなかった避難している人の名簿作り、被災したお年寄りの話を聞くこと、トイレの掃除、井戸からの水汲み、避難している人が数日後に移動することになっていた古い教室の水拭き掃除などをするかたわら、ときおりやってくる物資運搬のバンが来ると倉庫になっている教員室に物資を運ぶ仕事をした。グループの中に保健婦さんと医大生がいたので、避難している人の健康相談もできて喜ばれた。グループのうち何人かはそこに泊まって次の日も同じ場所で働くことを選び、私を含めた残りのものは夕方暗くなるころに「市民の会」本部に戻った。壁の掲示板からそれぞれ自分のポストイットをはがし、感想やコメントを用紙に書き込んでスタッフに渡し、それぞれの家や宿泊場所に帰る。

だいたいのボランティアが戻ってきてひと段落した後に、本部では毎晩、スタッフ・ミーティングが開かれる。ボランティアも参加できる。私はそれに二回参加したが、それは賑やかなものだった。ボランティアの人はみな、テレビで見たことや、ものの本に書いてあることを知ったかぶりして話すのではなく、自分が体験したこと、自分しか知らないこと、自分が動いて役に立ったという経験を話すのだから、それぞれ熱が入る。

「市民の会」では、一日中さまざまな現場から入ってくるボランティア依頼の電話やファックスによる情報に加えて、実際に現場に行って自らの判断で動き回ってきたボランティアたちからの生の情報が自動的に入ってくる仕組みができていた。このような非常時は特にそうであろうが、情報というものは集めようとしても集まりにくい。逆に、このように、情報を自分で持っている人が自分から自発的に出したくなる仕組みさえ作れれば、自然に流れ出てくる。まさに、ボランタリーな情報の共有地、ボランタリーなコモンズである。そして、翌日の朝までには、これらの情報を基に、壁の掲示板のボランティア募集の記述が更新されボランティアの到着を待つ。これが「市民の会」の活動のワンサイクルである。

「市民の会」は、二月一六日に隣の芦屋市に移り、五月一六日には一般のボランティアを直接受け付けることは中止した。四カ月の活動を通じて「市民の会」は、結局、二万一〇〇〇人を越えるボランティアが被災地の人を手助けする機会を提供した。

「市民の会」はボランタリー組織であったために資金やスタッフ不足という、乗り越えなければならない問題もあったが、一方、柔軟に対応することにかけては素早く機敏に動いた。それに対して、行政機関はどうだったか。次に、「市民の会」と比較するために、近隣の西宮市役所のボランティアへの対応をみてみよう。

●行政組織の対応

西宮市には「西宮市地域防災計画」というマニュアルが存在していた。災害時に市役所の部や課がどのように行動すべきかを細かく定めた三〇〇ページあまりのものである。しかし、一九九五年の大震災発生時のこのマニュアルには、ボランティアという言葉はどこにも出てこない。もちろん、これは西宮市の落度ではない。そのころ、被災地に日本中から一三〇万人のボランティアが押し寄せるなどということを予想した人など誰もいなかった。

しかし、実際に震災が起こってみると、マニュアルには書いてないボランティアが多数来訪し、マニュアルどおりには事が運ばない事態がいたるところで発生した。そのとき、行政組織は状況に的確に対応できなかった。

震災発生から二日後の一月一九日から市役所では、必要に迫られて、ボランティア希望者への対応を始めた。前日の「災害対策本部会議」で人事部が窓口になることが急遽決まったのだが、ボランティア希望者が電話してくると、氏名と連絡先などを聞いて登録し、後日連絡すると伝えた。しかし、ボランティア募集が報道されたことも手伝って希望者からの電話が殺到し、二〇人の職員が一日中電話の応対と登録作業におわれた。

西宮市に登録されたボランティアの数は四日間で三五〇〇人、一日で一〇〇〇人を越える日もあった。職員が書き込んだ「ボランティア登録票」は、積み上げると六〇センチにもなった。さらに、電話はせずに、全国から直接市役所にやってくるボランティアもいて、その数は多い日には五〇〇人を越えた。そんな状態だったから、二〇人からの職員を投入した市役所としての懸命の作業も、ボランティア希望者を必要としている場所に派遣するという、そもそもの目的を果たすことはほとんどなかった。

ひとつの大きな問題は、市役所ではボランティアのサービスを必要としている現場の情報を集める仕組みを持たなかった、ないし、あったとしてもそれが機能しなかったことだ。たとえば、避難所になった学校に滞在している被災者がボランティアを必要としていると訴えたとしよう。その情報はまず学校長に伝えられ、その後、教育委員会、人事部職員課、人事課を経て、はじめて、ボランティア希望者に伝えられるというまわりくどい経路を経ることになっていたのだ。これは明らかに、普段の行政組織のやり方を災害時にもそのまま適用しようとしたための失敗である。

西宮市の中野人事課長は反省を込めてこう言っている。「ボランティアを一元的に管理して仕事を委託しようという考え方になってしまった。業務委託だとしたら市役所が責任をもつ必要があり、ボランティアを派遣するなら職員が引率しなければならないのではないかなど、管理的発想になってしまった。」

このような状況は決して西宮市だけではない。被災地の地方自治体の対応は、少なくとも初動状況では、どこも同じようなものであったようだ。個々の職員の対応が不十分であったと非難しているのではない。実際、困難な状況下で大多数の職員は献身的な働きをしたということがしばしば伝えられているし、私も現地で断片的にではあるがその様子をまのあたりにしている。

ここで指摘したいのは、次の二点である。ひとつは、行政組織は、それがどんなにニーズがあるものであっても、想定されていなかった社会の急激な変化に対応できなかったということ。もう一点は、そのニーズのすべてではないものの、一定の部分を満たしたのは、即席で生まれたボランタリーなグループによるコミュニティ・ソリューションであったということだ。

●一三〇万とおりの動機

「市民の会」が誕生した経過は次のようなものであった。震災発生翌日の一月一八日に、その後「市民の会」の中心メンバーになる大阪ボランティア協会、大阪YMCA、地域調査計画研究所のスタッフが集まり震災支援に何かしようということが話し合われた。これが「市民の会」発足の契機になった。翌一九日には西宮共同教会の一角を借りられることになり、一方、大阪ボランティア協会事務局長の早瀬昇が東京に行き、経団連やトヨタ財団の人にコンタクトして「市民の会」の活動の支援について相談した。経団連の社会貢献部課長（当時）である田代正美は、その後「市民の会」本部に頻繁に滞在し、会の運営に必要なコピー機、ファックス、パソコン、携帯電話、自転車、オートバイなどの物資を企業から調達する際のコーディネーター役を果たした。

一月一九日に新聞の小さな記事で会の結成が紹介されると、すぐに大阪ボランティア協会の電話は鳴りっぱなしになった。このときは西宮市役所と同じようにボランティア希望者の名前と連絡先を聞いてあとで連絡するという登録制をとっていたが、電話で登録しても埒《らち》があかないことに気づいた早瀬は翌日の夕方までに「登録制はとらず、とにかく現地に来てもらう」という方針を決めた。

翌一月二〇日に「市民の会」は正式に発足し、西宮北口の本部が店開きした。初日は六〇人余のボランティア希望者が来訪し、一〇人程度のグループを作っておのおののグループを「市民の会」のスタッフが引率して避難所をまわったという。ところが翌日は日曜日だったので、「市民の会」には一挙に二八〇人のボランティア希望者が押し寄せた。これでは引率はできない。ポストイットの利用を早瀬が考案したのはこんな事情からであったという。

阪神淡路大震災の時に出現した「市民の会」をはじめとするボランタリー組織はそれぞれさまざまな経緯と動機で設立され、被災者支援の活動をしていたのだが、そこにある種の切実さがあり、また、人の役に立ちたいという気持ちがあるということでは共通していた。しかし、それ以外の部分では実に多種多様である。被災地には一三〇万人のボランティアが来たといわれているが、そこには一三〇万とおりの動機が存在したのではないだろうか。

ボランタリー組織が企業や行政組織と決定的に違うひとつの点はこの多様さである。通常、企業にしても行政組織にしても、一枚岩で上の決めたことはとにかく確実に実施することがよしとされる。多様であることは、結局のところ、余計なこと、ないし、組織の弱点とさえみなされる。ところが、ボランタリー組織においてはその弱点こそが強みなのである。

「市民の会」のポストイットを利用したマッチングシステムの基本は、ボランティアを信頼してボランティアに任せるということである。また、多様なニーズには多様なボランティアで対応するということである。これに対して、西宮市を典型例として紹介した行政のアプローチは、管理と統制の発想から逃れられなかった。その違いは、登録制にして「こちらで」ボランティアの希望者とニーズをマッチングしてからその結果を知らせようというアプローチと、掲示板に情報を貼り出して情報共有をし、あとは自主的選択にゆだねるというアプローチの違いに如実に現れている。もちろん、ボランティアに任せるというアプローチはいつでもベストだとは言えないであろう。しかし、少なくとも刻々と変化する震災直後の混乱のなかでは、「市民の会」の方法は、少ないスタッフの投入で大きな成果を上げたのであるから、結果としては効率的であったということになる。

それは、たとえば、「市民の会」ではスタッフが自分から情報を探しに行く必要がなかったということに象徴される。向こうから電話をしてきたり、自分の足で被災地を歩きまわったボランティアたちがその経験をどうしても伝えたいということで夜のミーティングで発言することによって、生きた情報が自発的に提供された。「市民の会」は、情報が流れ込んでくるにふさわしい場所を空けておいたということだ。情報は集めようとしても集まらないものだ。自らが動くなかで、ふさわしい場所が空けられれば、必要に応じて向こうから流れ込んでくるものだ。ボランタリー・コモンズ成功の秘密はそのような仕組みを作ることだ。

見ず知らずのボランティアを信頼するということにはリスクが伴う。早瀬自身、そのことはよく承知していて、次のように語っている。「これは一人一人のボランティアの判断力を信頼するシステムなんです。どんな人でもいいからドンドン出かけて、問題に出会って活動するシステム……。われわれのやり方は危なっかしいですよね。ボランティアが何か問題を起こすかもしれない。もし万が一問題が起きたらわれわれは訴えられる、そのときは責任をとる、それを覚悟でやっているのです。」(11)

もちろん、「市民の会」はやたらにリスクを背負い込んでいる訳ではない。基本的なところは押さえている。ポストイット方式は、余震や二次災害が起こったというような最悪の場合に、何人のボランティアが来て、誰がどこにいるかは掲示板を見ればすぐに分かるようになっている。また、人数が分かれば申請できるボランティア保険もかけてある。そ

(11) NHK取材班編『ボランティアが開く共生への扉』、日本放送出版協会、一九九五年、五八頁。

れにしても、早瀬をはじめとする「市民の会」のスタッフや責任者は、とりたくないと思ったらとらなくていいリスクを敢えて引き受けたのである。それがあってはじめて毎日数百人のボランティアたちが、市役所に押し寄せた人たちのように待ちぼうけを食らわせられずに、自分たちが役に立つ現場に巡り会えたのである。

自らを敢えて危うい立場に立たせるというコミットメントが示されることで、ほかの人からの自発性と信頼に応える行動が誘発される。「市民の会」が、行政組織と比べられたときに魅力あるものに見え、また、混乱の極みの中で成果を上げられたのは、掲示板を利用したそのアイディアのせいだけではなく、このようなコミットメントの存在が会の運営の原動力になっていたからである。「市民の会」を通じて被災地の人たちと交流をした二万人を越えるボランティアのなかで、深刻な事故はひとつも発生しなかった。そのことは僥倖である。しかし、その僥倖もある意味で引き寄せられたものであったのかもしれない。

3 関係の再編成――シェアウェアとユーザーズ・グループ

●評価を委ねる

シェアウェアとは、まず使ってみて、よかったら代金を支払ってくれというソフトウェアである。ちょっと考えるとおかしな感じがする。コンビニでコーラを買うのとはずいぶん違う。

第一章でフリーソフト／オープンソースについて話したとき、シェアウェアについて後で取り扱うと言った。シェアウェアとは何か、なにが面白く、どこが不思議か。また、どんな特徴があって、なぜ、フリーソフト／オープンソースとは別にしたほうが分かりやすいのか、などについて、本節で説明して行こう。

まずは、シェアウェアとは何かであるが、フリーソフト／オープンソースについてかなり充実したページを作って公開している電子技術総合研究所の平野聡（第一章注11参照）は、シェアウェアについて次のように解説している。

シェアウェアには三種類あります。
一、一定期間無料で試用できる。気に入ったらお金を払ってくださいと催促が出るが、機能はするもの。
二、一定期間無料で試用できるが、期限後はお金を払わないと使えなくなるもの。
三、商品のデモ版、機能限定品。
お金以外に、気に入ったらメール、カード、あるいはピザを送ってね、というソフトウェアもあります。

また、第一章で何回か引用した「ハロウィーン文章」では、ソフトウェアとしてのフル機能がついている、配布が自由、ライセンスによっていつかは購入することが定められているというものがシェアウェアであると規定している。

われわれが考えるシェアウェアの重要な特徴は、配布されたソフトウェアの利用者と作者がネットワーク上の電子会議室などで意見交換をするコミュニケーションの場があり、ユーザーの要望や提案によってソフトウェアがバージョンアップされるというプロセスが存在しているということである。実際、シェアウェアを使ってみて料金を支払うユーザーの中には、それを完成されたソフトウェアの代金とは考えず、作者や他のユーザーと一緒にソフトウェアがだんだんと変化し、機能が追加され、使い勝手がよくなってゆくというプロセスに参加するための参加料だと捉える人も少なくないという。

このような文化的要素をシェアウェアの定義に含めることは、本当はおかしいことである。しかし、ここでは、敢えて、作者と利用者が「共に作ってゆく」というプロセスを共有するものをもってシェアウェアと言うことにする(12)。

シェアウェアは、一方で、たまたま自分が作ったソフトウェアをみなで共有しようというボランタリーな要素と、他方では、消費者の心理を巧みについたビジネスのアプローチという要素があり、それら二つの極が混じったものであると考えるといいかもしれない。たとえば、自分の娘に見せようという動機でコンピュータ上で絵本を作るためのソフトウェアを作った。どうせなら他の人にも使ってもらおうとして絵本作りシェアウェアとして公開し「気に入ったらメールください」とお願いする。これが、ボランタリーな極に近いものである。もう一方には、はじめから販売して利益を得ようということを目的にソフト

(12) 論理的に言えば、「コミュニケーションのプロセスを伴うもの」といった文化的要素を言葉の定義に持ち込むことはできない。仮に、作者とユーザーが参加している電子会議室があったとしても、そこでのやりとりが開発プロセスにまったく反映されない場合はシェアウェアと呼ぶのかという問題が出てくる。「意図があるかどうか」は定義にはなじまないということを認識したうえで、本書ではソフトウェア工学の議論をしているのではなく、社会的、文化的な議論をしているということで、あえて、ここで言っているようなものをシェアウェアと呼ぶことにした。

ウェアを制作し、「キャンペーン期間中は無料ですから試しに使ってください、その後も改善提案を言ってきてください、できるだけ対応します」というビジネス戦術をとったものがあるだろう。

意図がボランタリーなものであっても、ビジネス的なものであっても、どちらにしても、対価をもらうより先にとにかくソフトウェアを提供するというところ、つまり評価を――ある程度――利用者に委ねるというところがシェアウェアのひとつの特徴である。ボランタリー性が「濃い」か「薄い」かは、評価の委ね方のやり方と度合による。もちろん、通常の商品でも、最終的には評価は利用者が決めることである。第二節で富士通社長の秋草との対談を一部紹介したが、そこでも、「評価を相手に委ねる」ということが話題になったのを思い出していただきたい。

●作者とユーザーズ・グループの作るコモンズ

われわれが言っているシェアウェアは、第一章でお話ししたフリーソフト/オープンソースとどこが違うであろうか。ソフトウェア開発者の観点からすれば、フリーソフト/オープンソースはソースコードがオープンであるのに対して、シェアウェアはソースコードを公開していないという点が決定的に違う。

自分自身ではプログラミングはしないでソフトウェアを使うだけという一般ユーザーの視点で言えば、フリーソフト/オープンソースはバザール（＝ボランタリー・コモンズ）にみんなで技術とアイディアを持ち寄って一緒にソフトウェアを開発するという共同プロジェクトであるのに対して、シェアウェアは「作者」という特別なロールをもつ人ないしグループがいて、他の人は、作者にお礼を言って励ましたり、提案をしたり、お願いをしたり、文句を言ったりすることでコモンズに参加するというロールの違いがはっきりしているという点が違う。

シェアウェアは一九八〇年はじめにアメリカで始まったもので、日本では一九九〇年代になって普及した。シェアウェアの数は数千といわれているが、日々増えている。シェアウェア作者はどう思ってシェアウェアを作っているのだろう。日本の主なシェアウェア作者を含む一四人――いずれも、ボランティア性が強いほうの人たちである――をインタビューした様子が書かれた本(13)がある。以下ではそこからいくつか注目すべき点を引用してみる。

「気に入ったら代金を支払ってくれ」という料金徴収の方法についてどう考えているのだろうか。多くの作者が送金してこない人については無関心であり、ソフトを入手したすべてのユーザーから料金を取ることははじめから期待していないという。作者たちが問題にするのは、自分の作った作品について、要望やら、提案やら、感謝の言葉やら、励ましの言葉をインプットしてくれるユーザーであり、それらの人たちは必ずきちんと送金をしてくれる人たちだ。使っているのにズルをして送金してこない人は、一方的に使うだけで、

(13) 前掲の宮垣元・佐々木裕一『シェアウェア』。

激励やら建設的な意見などはどうせ送ってこない人たちである。情報のやりとりによってソフトがだんだんと改良され、形を変えてゆくプロセスに自発的に参加しようというユーザーだけを関心の範囲内としていればそれでいいということである。

これは、それなりに合理的な割り切り方である。支払いをしてくるかしてこないかを、協力的な、いわば、「質のいい」ユーザーを自動的に選別する仕組みであると考えれば、それは効率的に働いている。さらに、シェアウェアのこのシステムは、自分で探しに行かなくても、貴重なボランタリーな情報が向こうから流れ込んでくる仕組みでもある。

シェアウェアの作者と一般利用者の間のロールの違いはどのように認識されているのだろうか。古典的な社会的交換理論によれば、一方的に片方が与え、もう片方がもらうだけの関係には、権力の分化が生じるという(14)。作者はソフトウェアを作る技術のある人で、そのほかは実際にソフトを作ることはしないし、スキルもない人が大多数であろうから、作者と一般ユーザーの間には、ある種の上下関係が発生すると考えるのが普通であろう。ところが、実際はそうではないようである。インタビューされたシェアウェア作者の代表的な意見は次のようなものだ。

・あるときはユーザーの要望が通り、あるときは自分が譲らない。その意味で作者とユーザーの関係は対等であると思う。

・電子メールで要望を言ってくるときの表現などからして、ユーザーは、私のことを特別

(14) 前掲のピーター・M・ブラウ『交換と権力』。

な人だとはまったく思っていない。

・説得力をもってユーザーが要望を説明してくれれば、要望は受け入れられる。何となく気に入らないからやらないというような権力の行使はない。

・最終的にプログラムにできるかどうか分かるのは自分だけだから自分で判断するけれど、自分はユーザーに対して何の有利な立場にもない。「それは無理」という作者の立場を使った力ずくの決め方はできない。

・私はユーザーと同じ立場にいると思う。彼らは決して私をすごい人という風には思っていない。たまたま私がプログラミングが得意ということだけだ。

われわれの言葉でいえば、作者と利用者グループが形成するボランタリー・コモンズのなかで、上下関係としてではなく、「ロールの違い」として理解されているということであろう。

リナックスに代表されるフリーソフト／オープンソースのプロジェクトには、みなが認める事実上のリーダー、つまり、他のメンバーとはロールが違う人物がいることが多い。レイモンドの言う、ノアスフィアーの開墾を始めた創始者がリーダーになるのが通常だ。しかし、フリーソフト／オープンソースのコモンズとシェアウェアのコモンズの風景はだいぶ違う。シェアウェアのコモンズでは、作者と利用者の間に権力的上下関係はなくとも、そのロールの違いは明らかである。逆に言えば、「作者」と「利用者」は完全に分離されているることが普通であるのに、その関係性を再編成し、同じコミュニケーションの場に乗せたというものがシェアウェアの本質である。フリーソフト／オープンソースの場合のリーダーは、実質上のものであり、関係性の中で生まれたロールである。

利用者の集まりを「ユーザーズ・グループ」ということがある。その言葉を使うなら、シェアウェアは、作者とユーザーズ・グループがひとつのコミュニケーションの場を形成しているものといえる。シェアウェアやもっと一般に作者とユーザーズ・グループを同じコミュニケーションのコモンズに取り込むということは、従来の関係再編成のひとつの有力な方法である（図3参照）。

●企業とユーザーズ・グループの関係

インターネットのメーリングリスト、ニュースグループ、ホームページに連動している会議室などで特定の商品の情報交換を主に行う電子ユーザーズ・グループが数多く存在する。ＰＣからマニア商品までカバーする領域は広い。当該商品を提供している企業や担当者による販売促進や企業からの情報提供を目的にしたものもあるが、商品の愛好者や潜在的な購買者が、商品や企業とは独立に、いわば勝手に情報交換をしているインフォーマルな場であることが多い。第一章で、ＶＣＯＭがＳＰＡＭ攻撃を受けたときのエピソードをお話ししたが、そのときにアドバイスをもらったのも、インターネット上に存在するそのようなユーザーズ・グループからである。

そのようなインフォーマルな場は、利用者にとって有益な情報をもたらしているばかりではなく、直接的にかかわっていなくとも、当該商品を作っている企業にとっても潜在的に、大きな経済的効果がありうる。慶応義塾大学ビジネススクールの國領二郎研究室の田村隆史が行った大ざっぱな試算によれば、ある企業にとって、パソコン通信の上にユーザーズ・グループがあることの経費節減効果は二〇億円ほどだという。

企業が直接手を出さないまま、ユーザーズ・グループの自発的な活動によって大きな付加価値がついたという有名な例として、ヒューレット・パッカード２００ＬＸ（以下ではＨＰ２００ＬＸ）の日本語化のエピソードがある。以下ではそれを、國領ほかの報告(15)を参照しながら紹介しよう。

ＨＰ２００ＬＸは、米国ヒューレット・パッカード社（以下ではＨＰ社）が開発した手のひらサイズのパソコンである。表計算ソフトやスケジュール管理ソフトが搭載されているこのシリーズは、最初のモデルが発売になった一九九一年よりアメリカではベストセラーになった。しかし、日本で発売になったときは厳しいものがあった。ターゲットとされた日本のビジネスマンは、誰でも表計算ソフトを使うという状況にはない。ＨＰ社の日本の子会社であるＹＨＰ（横河ヒューレット・パッカード）は、日本語対応モデルの開発は採算に合わないと判断し、マーケティング費も年間予算二〇〇万円という寂しいものであった。英語

(15) 國領二郎・田村隆史・森田正隆「『共感』が生み出す価値―自発性と参加の経済原理」、金子ほか編『電縁交響主義』、ＮＴＴ出版、一九九七年、に収録。

しか使えないビジネスマシンの行く手は、はじめから黒い雲がさえぎっていた。

ところが、このパソコンの基本的なコンセプトや機能に魅惑された日本のユーザーたちは、ニフティ上の「YHPユーザーズ・フォーラム」などを中心にして盛んな交流を始めた。そのうち、「自分たちで日本語を使えるようにしよう」ということで盛り上がり、それぞれの得意を生かして自発的に仕事を分担し、LX専用の日本語表示・入力ソフト、日本語エディター（ワープロのようなもの）、日本語フォント（漢字表示）などを揃え、一九九三年おわりまでには、立派な日本語環境を作り出してしまった。これは、すべて無償であったといわれる。一九九四年になって、YHPは、この日本語ソフトを公認した。

基本的な日本語環境が整うと、今度は、ユーザーのそれぞれが関心を持っている分野を

図 3-1　シェアウェアのコモンズ

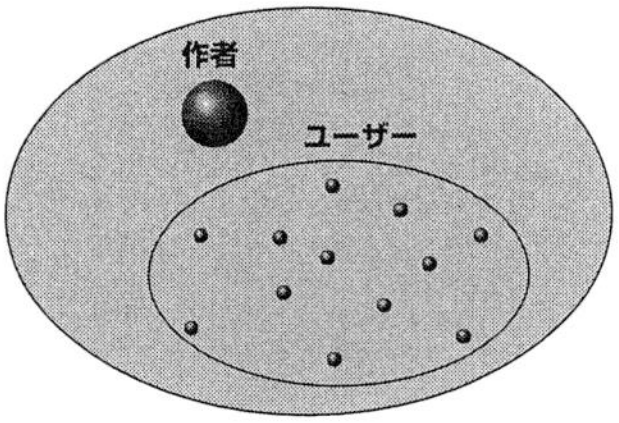

図 3-2　リナックスのバザール

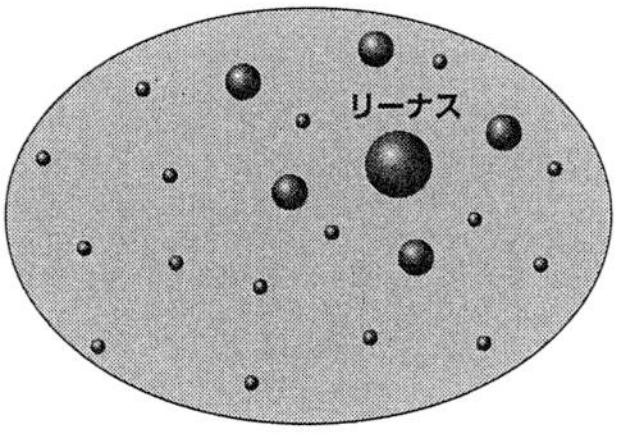

生かした、通信ソフト、印刷ソフト、各種データベース、ゲームなどHP200LXで使えるフリーなソフトも出てきた。当初は月に一〇〇台程度しか売れなかったHP200LXは月五〇〇〇台の売れ行きを示した。いまや、本場アメリカのLXユーザーの間でも、「もっとも進んだLXは日本のユーザーが開発している」という認識がされているという。

國領は、このようにネットワーク上でお客同士が情報交換を行い、それが商品の売れ行きや顧客満足に影響を与えたり、商品に新たな付加価値をつける現象のことを「顧客間インタラクション」と呼んでいる。顧客間インタラクションにおいては、メーカーなど商品を提供している企業とユーザーズ・グループの関係にはいくらかのバリエーションがあるだろう。その関係性の違いを簡単に表わしたのが、図4である。

図4-1は、顧客間インタラクションがもっぱらユーザーの間だけで行われ、メーカーの関与はあまりないケース、図4-3はメーカーがユーザーと一緒になって開発や付加価値作りに参画しているケース、図4-2はその中間のケースを、それぞれ示している。シェアウェアの作者とユーザーの関係は図4-2と基本的に同じである（図3-1）。

通常の商品の場合は、「作り手」とひとりひとりの「使い手」の間に、商品が販売されたという以外のコミュニケーションはない。「顧客間インタラクション」の場合は、メーカーとユーザーがコミュニケーション・チャネルを持っているだけでなく、顧客同士のやりとりがあるということが決め手である。

作り手と利用者という立場を超えたコミュニケーションの場が設定され、そこで、作り手と利用者が情報交換するだけでなく、利用者同士が活発なコミュニケーションを展開する。そのような現象が効果を生むというのは、商品だけには限らない。次に、企業と顧客という以外のセッティングで、図4-2のシェアウェア型のコモンズを作ることで成果が上がっているコミュニティ・ソリューションの事例を紹介しよう。

(16) 江口まゆみ、高橋裕子『禁煙マラソン』、ジャストシステム、一九九八年。
(17) 小田誠一訳『アメリカ禁煙事情』、健康・体力づくり事業財団、一九九〇年、三九一頁。
(18) 小田、前掲書、四一五頁。

●禁煙マラソン

私は煙草をすわないので分からないのだが、禁煙はなかなかできないらしい。厚生白書(一九九七年)によると、日本の成人喫煙率は、男性五二・七%、女性一〇・六%で、男性の喫煙率は先進国中もっとも高水準にあるという。喫煙者のうち八割が禁煙や節煙をしたいと思っている(16)。また、喫煙者の三割以上が過去に禁煙を行っており、その四分の三が二回以上の禁煙を試みている(17)。ひとりで禁煙に挑戦した場合は、一〇人に九人までが挫折するといわれている(18)。こうしたなかで、成功率九〇%以上のやり方があると言ったら、どうだろう。雑誌に載っているいかがわしい広告でも、深夜テレビ番組での宣伝でもない。妙案があるのだ。「禁煙マラソン」と呼ばれる、インターネットのメーリングリストを使った方法である。

ひとりで何の支援も受けられずに禁煙を試みた場合にどんな困難が待ち受けているのか。

まず、体内からニコチンが抜けるまでの約三日間、ニコチン離脱症状によっておきてくる身体のさまざまな異変に神経質になる。それが禁煙によるものなのか、禁煙を続ければなくなるものなのか不安になり、いまとっている方法が一番いいものかどうかについても不安になる。「タバコを吸うとガンなどの恐ろしい病気になりやすくなる」という知識は、このようなときになるとほとんど役に立たないらしい。また、不安からくるイライラ感を周りの人が分かってくれないことで孤独感に悩まされ、その孤独感から喫煙してしまった場合、強い自己嫌悪がもたらされる。そして、周囲からは「たかが禁煙に失敗したくらいで」という理解のない視線が注がれることが一層の孤独感とフラストレーションにつながる。それで、たとえば、こんな悪循環が起こるのだという。

「禁煙マラソン」は、奈良県大和高田市立病院の内科医である高橋裕子が主宰しているインターネットのメーリングリストが作るコミュニティの中で行われる禁煙支援プログラムである。現在では、年に二回開催され、毎回、一般公募による一〇〇人程度の禁煙希望者が、ボランティア医師や過去のマラソン参加経験者らとともに参加する。対面の部分もあるが、基本はネットワークを介してのコミュニケーションだという。途中で喫煙しても最終的に禁煙できたことを含めて「禁煙成功」とするなら、「成功率」は九〇%を越えているという。主宰者の高橋医師によれば、喫煙習慣は薬物依存と心理的依存のふたつから成り立っているが、後者への対処法が特にむずかしいという。そこにネットワーク・コミュニティならではの力が働いているのではということだ。以下では、前述の書物(16)や橋

図4　ユーザーズ・グループにおけるメーカーとユーザーの関係パターン

図4-1

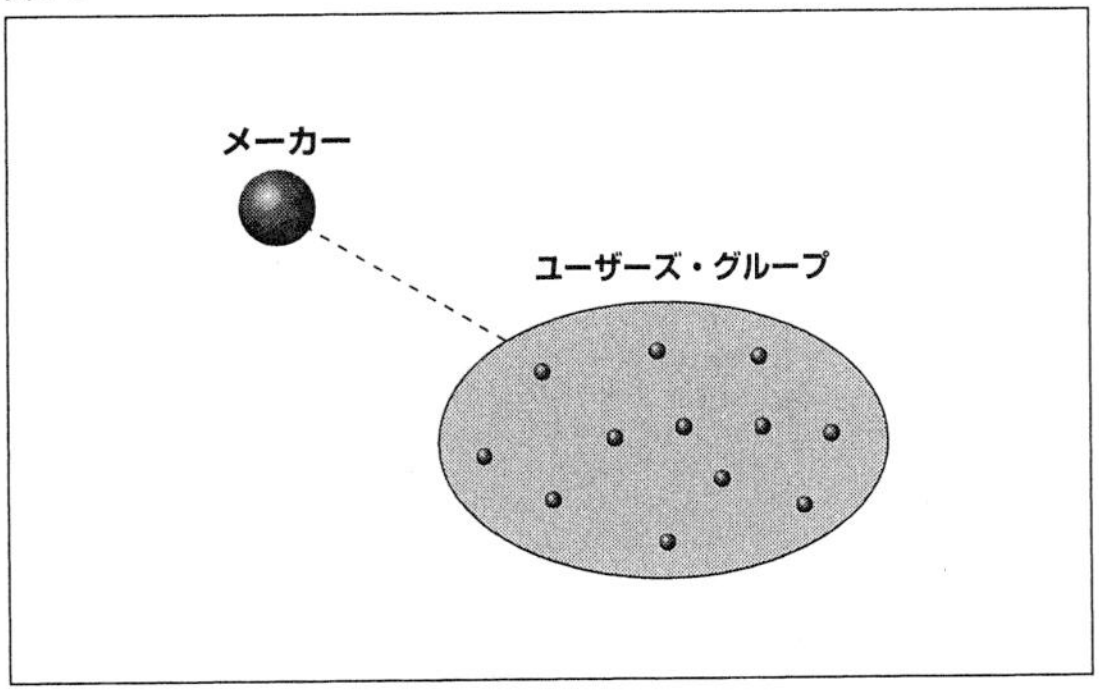

図4-2

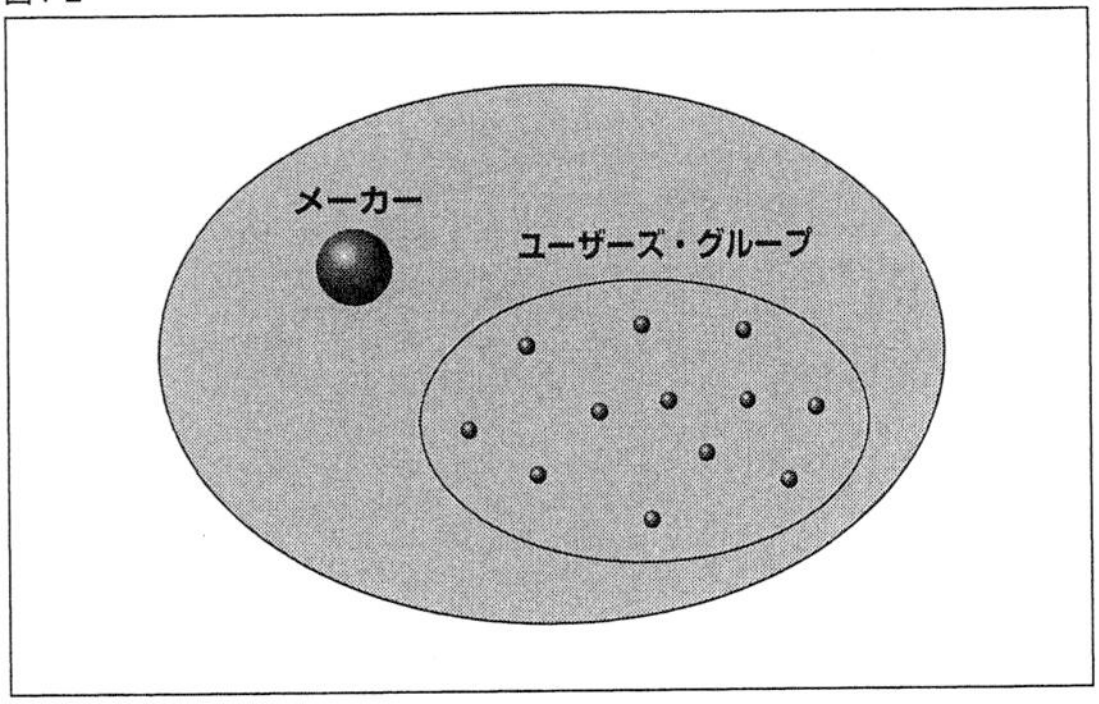

図4-3

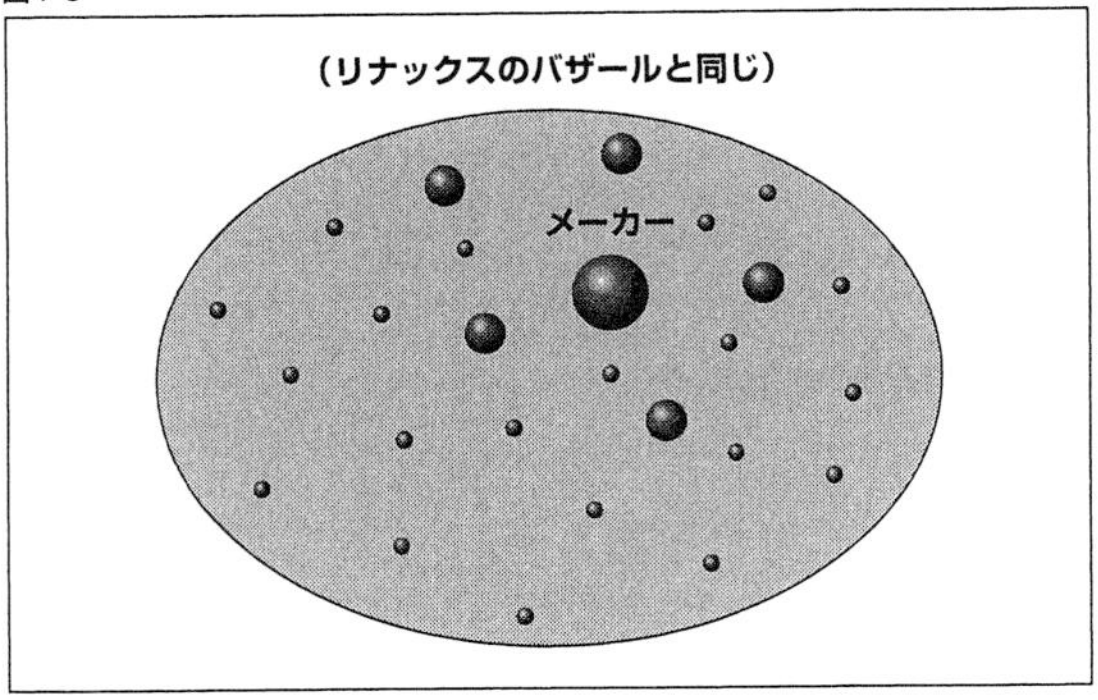

よう。

本・東山・高橋の論文(19)などを参照しながら禁煙マラソンの注目すべき特徴を述べてみ

「禁煙マラソン」で高い成功率が達成される理由がなにかについては慎重に検討されなくてはならないだろう。しかし、いつでも専門医のアドバイスが受けられるという安心感だけではなく、参加した患者の間の相互のコミュニケーションが成功の大きな鍵になっていることが、やりとりされたメールの内容やその連なりから容易に想像される。実際、「マラソン」が始まった当初は参加者と医師の間の一対一のやりとりが多いのであるが、しだいに、参加者同士で励まし合ったり、アドバイスを与え合ったり、自分の成功ないし失敗体験を共有し、それぞれが成長してゆくプロセスが顕著に観察できる。

参加者はそれぞれある意味で弱みをかかえた人たちである。その弱みを医師という専門家の強さによって克服するというのが通常の医療における治療方法である。注目すべきことは、「ついに、一本吸ってしまった」とか「原稿締切が間に合いそうもないので、たすけて」「また転倒してしまった」といった、「弱さ」を吐露したメールが活発なコミュニケーションを誘発する傾向にあり、「気を取り直してまたトライします」といったポジティブな反応を引き起こす。さらに、ある参加者が「人を説得すると自分が禁煙を続ける原動力にもなるみたいだ」と言ったという例が示すように、自分の問題に縛られていることから他の人の問題に目を向け、同じように弱みを抱える他参加者に対して励ましたりアドバイスをしたりすることによって、かえって自分が力を得るという現象が見られることは興

(19) 橋本栄里子・東山明子・高橋裕子「電子コミュニティを利用した禁煙指導プログラムの有効性の検討―『インターネット禁煙マラソン』の再喫煙者へのフォローアップの取り組み―」、『医療と社会』、Vol.10、No.3、二〇〇〇年

味深い。これは、典型的にボランティアが経験する不思議な力である。

最近実施されたある回には九八名の禁煙希望者が参加した。それを「再喫煙なし禁煙者」(グループA、七六人)、途中で喫煙をしてしまったが最終的には禁煙できた「再喫煙禁煙者」(グループB、一四人)、禁煙に失敗した「喫煙者」(グループC、四人)、「途中辞退者」(グループD、四人)の四つのグループに分ける。参加者の出したメールに対して、他の禁煙仲間から寄せられた平均リプライ数を見ると、グループA、B、Cで、それぞれ、一・九三、五・八六、六・七五となっている。つまり、より深刻な「弱さ」を抱えているメンバーほど、禁煙仲間から多くのリプライをもらっているのである。「弱さを抱えている」ことが仲間からの助けを誘発するということこそが、禁煙マラソンがコミュニティ・ソリューションとして機能していることの象徴である。

組織的に言って「禁煙マラソン」が興味深いのは、それがヒエラルキー組織ではないのであるが、一方、いわゆるフラットな横並び組織でもないという点である。明らかに主宰者である高橋裕子がリーダーシップをとっている。それに加えて、ボランティア参加の医師や先輩諸氏という、一般参加者と比べるとちょっと「高い」ところに位置する、ロールが違う参加者もいる。しかも、問題解決をするのはいつもリーダーや医師ということではない。大多数の場合は参加者同士や先輩たちが情報共有することで問題が実際に解決されている。

「禁煙マラソン」では基本パターンとしては、シェアウェアのように、「医師＝ソフトウェア作者」と「禁煙希望者＝ソフトウェア利用者」という、明確にロールが異なるメンバーが自発的に集まったコモンズを形成している。医師と患者、そして、患者同士の間の従来の関係性を再編成し、自発的な相互性が働くようにするというところが、コモンズにおけるコミュニティ・ソリューションのひとつの秘密である。

第三章

関係のメモリー

1 関係性の共同資産

●共有地の悲劇

「共有地の悲劇」というモデルがある。情報と関係の共有地＝コモンズを基盤にしたコミュニティ・ソリューションの効用を語っているわれわれとしては、聞き捨てならない。一九六八年にギャレット・ハーディンが雑誌サイエンスで提示した「共有地の悲劇」と呼ばれるモデルとは、あるパラドキシカルな関係のパターンを表わす次のようなものである。

中世のある村では、牧草地が入会地として村民全員で共有されていた。そのために、羊飼いのなかには、自分の羊を何匹もそこに連れてきて牧草を食べさせようとするものが出てくるかもしれない。そのような不心得者がひとり出てくると、他の羊飼いも競って自分の羊をたくさん連れてきてそこで牧草をたらふく食べさせるようになり、結果として、みなの財産である共有地はすっかり坊主になり荒れ果ててしまうことになる。

「共有地の悲劇」とは、つまり、集団のメンバー全員がそれぞれ自発的に協力的な行動を取ればすべてのメンバーにとってよい結果になることは分かっているのに、個々のメンバーそれぞれが自分にとって合理的な行動をとろうとすると、結果として誰もが不利な状態がもたらされるという、ひとつの典型的な社会状況を表わしたものである。

「共有地の悲劇」は、中世の問題ではなく、むしろ、現代によくある現象だ。近所に小さな公園があり付近の住民の憩の場所になっている。不心得者がよく空きカンやゴミを捨てて行く。みなでそれぞれ注意すればいいのだが、私一人だけ捨てないようにしても、他のみなが捨てれば同じことなので、結局みんなが捨てることになる。その結果、公園はゴミだらけになってしまう。環境問題によくあるパターンだ。

災害が起こったある地区の人が困っている。誰か支援に行けばいいのであるが、なにもこの私が行くことはない、誰かが行くだろうとみなが思えば、結局、誰も行く人がいない。国際協力や地域間協力でよく起こる関係のパターンだ。国際紛争や民族間の紛争でよく見られるパターンは以下のようなものだ。お互いにここで引いてはメンツが立たない、相手に甘くみられて不利になると思うので、どちらのサイドもやめたいのに攻撃が続く、などなど。

「共有地の悲劇」は、このように、現代の社会や政治の「手詰まり」状況に頻繁に現われる関係性を記述する概念モデルとして、近年、政治学や社会学の理論的文献によく登場する。ここでは、このモデルを通して、第二章で論じたコミュニティ・ソリューションの特徴と必然性について関係性という視点から改めて考えてみよう。

●ヒエラルキー・ソリューションとマーケット・ソリューション

近所の公園はみなできれいに使いたいのだけれど実際はゴミだらけになってしまうという「共有地の悲劇」を例にして、その解決方法を考えてみよう。ひとつの方法は公園を管理する自治体が強権を発動して、監視員を雇ってポイ捨てする人が出ないように見張ったり柵を作るなどの方策をとって、住民が勝手にゴミを捨てられないようにするというアプローチである。もっと一般には、権限と強制力をもつ第三者が統制するということである。これを「ヒエラルキー・ソリューション」と呼ぶことにしよう。別の方法として、公園に入るたびに一定の料金を払うことにして、その収益金で掃除をする人を雇うというものがあるだろう。問題を経済的に解決しようというこの方法を、「マーケット・ソリューション」と呼ぼう。

「ヒエラルキー・ソリューション」を実施するには大きなコストがかかり、また、一部の不心得者のために全体が規制を受けるので住民の利便性が大きく損なわれることになってしまう。一方、「マーケット・ソリューション」では、お金さえ払えば何をしてもいいという理屈になってしまい、それでは、共有地はごく一部の人だけに占有され、しかも、共有地の資源は結局その少数の人によって使いつくされてしまうことになりかねない。地球環境問題がその典型であるが、共有地の資源がマクロ的に有限である場合は、「ヒエラルキー・ソリューション」も「マーケット・ソリューション」も、実は、真に望ましい解決法を提示してはいない。本当は、住民がみんなで話し合って、勝手なことをするのはやめようねと決めて、それをみんなで守るという単純な方法がいちばんいい。しかし、なかなかそうはいかないというのが「悲劇」の由縁である。

公共経済学のパイオニアでノーベル賞受賞者のケネス・アローは、資本主義的な民主主義国家における社会的選択には、次の三つの方法があると言っている(1)。ひとつは選挙によって選ばれた政治体制による政治的決定、つまり、「ヒエラルキー・ソリューション」、二つめは市場メカニズムによる経済的決定、つまり、「マーケット・ソリューション」である。アローは、「比較的小さい社会単位」に適用されるものとして、三つめに、伝統的規則や慣習によるものを挙げているが、それは「近代世界ではますます稀になりつつある」と述べている。

現代社会が考えついたマクロな社会問題の解決方法は、とどのつまり、政府による「ヒエラルキー・ソリューション」か、市場に任せるという「マーケット・ソリューション」しかないということである。

第二章で指摘したとおり、インターネット社会においては、権限による「ヒエラルキー・ソリューション」の効果は薄れてきた。今後、ますますその力が及ぶ範囲は限られてくる。そこで、近年、相対的に台頭してきたのがグローバル・マーケットによる経済的解決である。前章の言い方をすれば、「グローバル指向」が顕著になってきたということである。たとえば、最近では、国際的な文化的問題や社会的問題が、経済問題という衣をまとってWTO(世界貿易機関)の下で交渉され、経済的に決着するというアプローチがとら

(1) K・アロー『社会的選択と個人的評価』(長名寛明訳)、日本経済新聞社、一九七七年。

れることがしばしば起こってくるようになった(2)。

しかし、「マーケット・ソリューション」も決して万能ではない。「お金持ち」は何でもできるが「貧乏人」は何もできなくなるという社会的不正義の問題は問わないとしても、バーチャル化し不安定さを無限に拡大するマネーゲームの実態についての危機感、グローバル市場の動きが実際の経済活動にインセンティブを与えなくなってきたという危険性など、グローバル市場メカニズムそのものについての疑問が出てきている。さらに、IMF体制の矛盾やその効果を疑う意見もEUや一部のアジアの国から提出されているなど、国際的な舞台で資本主義と自由市場システムの見直しが言われ始めている。これまでまさにグローバル・マーケットで大成功してきた投資家であるジョージ・ソロスが資本主義システムへの警鐘を鳴らしている(『グローバル資本主義の危機』、日本経済新聞社、一九九九年)のが象徴的である。

環境問題のようなマクロ的な資源の有限性が強い制約になる問題については、つまり、地球が「共有地」と見立てられる場合には、「マーケット・ソリューション」は必ずしも有効でない。また、それに限らず、グローバルなマーケット・メカニズムだけですべてを解決するという選択肢は、かなり危ないものだという認識が広まってきた。

そこで、第三の選択肢としてのコミュニティ・ソリューションに期待が集まっているのである。みなの自発的協力を待つというだけではいかにも頼りないのであるが、インターネット社会の進展によって、人々の間のコミュニケーションが飛躍的に増大するにともな

(2) 一九九七年に京都で行われたCOP3会議(第三回気候変動枠組条約締約国会議)での出来事は象徴的だ。二酸化炭素の排出量規制の目標値を国ごとに決めようとしたが、典型的な「共有地の悲劇」状態が起こって、紛糾した。結局、アメリカ政府が提案した、国と国のあいだで二酸化炭素排出量枠を「売買する」というスキームが認められたことで決着をみた。

って、コミュニティ・ソリューションに新しい力が注入されている。コミュニティ・ソリューションにとっては、社会の問題を解決するための大きな「ビジネスチャンス」が訪れているのである。

その鍵は、相互性と関係性の編集にある。「ヒエラルキー・ソリューション」と「マーケット・ソリューション」には共通点がある。前者の場合は権限を「上層部」に委譲することで、また、後者は需要があるということを絶対視することで、どちらも、個人と問題とを切り離して問題を解決しようとするところである。「コミュニティ・ソリューション」は、逆に、積極的につながりをつけることで問題を解決しようというものである。これまでの常識からすれば、関係に依存するということは、自己完結できないということであり、その分、弱みが出現するということになる。

しかし、オルフェウスやリナックスの例でみたように、その弱さを強さに編集しなおすことが、場合とやりようによっては、可能である。それが、コミュニティ・ソリューションの極意である。相互性と関係性への注目は、ある種の弱さ＝フラジリティをもたらすものであり、それと同時に、コミュニティ・ソリューションの力の源となる共有資源を生み出すものである。その共同資源を利用しながらそれをさらに深いものにしてゆくということが、われわれの言っているコミュニティ・ソリューションの相互編集である。

●コミュニティ・ガバナンス

「共有地の悲劇」は、「フリーライダー（＝ただ乗りをする人）問題」としても知られている。みんなが協力するのをいいことに、自分だけ協力せずに、共有地の恩恵に与かろうという輩のことである。「共有地の悲劇」とは、つまり、フリーライダーが出ることを防げないコミュニティにおいては、コミュニティのみなが協力することでバカを見ると感じ、結局、誰も協力的行動をとれなくなるということだ。フリーライダーをなくすための対応ということを、もう少し一般的に言うなら、利害調整と規則を破る者に対して罰則を適用するなどして規則が守られることを担保することなど、最近よく使われるようになった言葉を使えば、「組織ガバナンス」のことである。つまり、権限や市場メカニズムによらずに、利害調整をし違反者を出さないためのメカニズムをコミュニティがどうやって持てばいいかという、コミュニティ・ガバナンスの問題である。

権限によるガバナンスの可能性が衰える傾向にあることはすでに指摘した。価格メカニズムによる自由取引といっても、市場システムの有効性は、結局は契約や決済の権威を担保するための法律、裁判、警察、監獄など、強制力のあるシステムによって担保されているという点を見逃してはならない。国際警察や有効な国際司法システムが存在しない中でのグローバル・マーケットが大きな危険性をはらんでいるのは、まさに、そのためである。権限と強制力にではなく、相互性と関係性に依存したコミュニティ・ガバナンス――というより、われわれの言葉では「コミュニティ編集」――を信奉するのがコミュニティ・ソリューションである。

コミュニティ・ガバナンスについて、既存の社会学や政治学では、次のようなことがよくいわれる。つまり、フリーライダーが出にくい共有地は、（i）メンバーの間の相互信頼が高く、また、（ii）コミュニティとしてのサンクション（社会規範）が働くものであるということだ。

第一章で扱ったオルフェウス、および、リナックスに代表されるフリーソフト／オープンソースの開発におけるコモンズを考えれば、これら二つの要素がうまく働いていることは明らかだ。

オルフェウスの演奏者の間で相互信頼関係が強く存在することは、メンバーの言葉などで繰り返し確認できる。サンクションについては、オルフェウスの基本ルールを守らなかったヴァイオリニストが自分から辞めていかざるをえなくなったり、オルフェウスとしての活動をある一定以上こなさなければメンバーとして認めないなど、家族的なオルフェウスにとっては、身を切られるような辛い選択も含めて、普段は顔を出さないサンクションが、要所要所では顕在化し、実効力があるものとして存在するということが示されている。

リナックスの場合、共同開発にあたっているリナックス・コミュニティのメンバーは、互いに知らない同士の不特定多数者であるから、当然のことながら、オルフェウスメンバーの間にあるような密度の濃い信頼関係は存在しないであろう。しかし、彼らは、たとえば、「ハロウィーン文章」が「ＧＰＬが部族の憲法である」と表現しているように、基本的な価値観をシェアしている。自分たちが投じた時間とエネルギーに対する直接的な報酬がないにもかかわらずコラボレーションを続けるということは、ひとりひとりがリナックス・コミュニティにかなりの信頼を置いているからに違いない。一方、リナックス・コミュニティのサンクションは、たとえばGPLを守らなかった個人や企業に対する集団的圧力や不買運動が起こるということをみても分かるとおり、なにかあれば、かなり厳しい対応が発動される。

これら既存研究の成果は、それなりに納得が行くものである。しかし、われわれは、信頼感と潜在的なサンクションの存在が大事であると思うとともに、コミュニティ・ソリューションにはもっと動的な力があると感じている。

オルフェウスのある団員が言ったように、指揮者がいれば、話が早いことは確かである。言ってみれば、通常のオーケストラが一人で決めるところを、オルフェウスでは二六人がそれぞれ納得したうえで意思決定がなされるのである。合意形成に時間がかかるのは致し方ない。それでも、なるべく効率的にしたいということでコアグループに特別のロールを与えたり、コアがすでに議論しつくしたテーマについてリハーサルで蒸し返さないというルールを作ったりしている。ヒエラルキーを作らずにルールとロールで効率を上げるということは、リナックスにおいても同様である。

しかし、オルフェウスで合意形成に時間がかかるといっても、いつもそうではない。ここが重要である。実際、肝心なとき、オルフェウスでは稲妻のような素早さで全員一致が起こる。それは、たとえば、ピアニストのリチャード・グウドの次の言葉が示唆しているとおりである。「ときどき、そこには魔法のような感覚が流れる、私が何をしようとも、彼等はすぐそこにいるのだ。」リナックスにおいても、数百から数千人もの技術者からなるコモンズにおいて何の命令系統も統制メカニズムもないのに、エリック・レイモンドの言い方を借りれば「次から次へと奇蹟が起こっているとしかいいようがない」というような不思議な求心力が働くのである。

オルフェウスやリナックスのコミュニティでは、盤石な命令構造や水ももらさない契約による明文化された義務と権利が設定されているわけではない。相互性と関係性に賭けるということは、自分自身をきわめてフラジャイルな、壊れやすい存在にすることである。しかし、それにもかかわらず、いや、むしろ、それだからこそ、肝心要なときに意外な力が湧き上がってくるのである。

そして、そのような力がどこからともなく出てきたときには、「喜び」「感動」「盛り上がり」などという気分の高揚と自然な一体感がもたらされる。それを共に経験したということが、その後のコミュニティにおいてフリーライダーが現われにくくなり、より一層の協力関係が得られやすくなるというポジティブなフィードバックとして働き、そのことが、さらに、将来のよい関係のパターンを作り出すことに作用する。つまり、関係性の成功パターンについての共通体験がコミュニティの豊かな関係という共同資産をもたらすということである。

●関係資源としてのソーシャル・キャピタル

これまで本書ではいくつかの事例を紹介してきた。しかし、それらはどれも、程度の差はあれ、「うまくいっている」コミュニティの話である。しかし、コミュニティはいつもうまくゆくという保証など、もちろん、ない。当然のことであるが、コミュニティには、うまくゆくものとうまくゆかないものがある。社会学者や政治学者は、それはコミュニティのもつ「ソーシャル・キャピタル」の差であるという言い方をすることがある。

ハーバード大学の政治学者であるロバート・パットナムは、イタリアの南北地方の自治体をベースにしたコミュニティの比較研究を二〇年以上にわたって実施した。「共有地の悲劇」モデルの帰結であるメンバーによる必然的な非協力的行動は、必ずしもどこでも起こっているわけではない。実際は、ある地域では人々は進んで協力して全体として住みやすく経済的にも成功したコミュニティを作っており、また、そのことが一層の協力を生み出している。他方、非協力的態度と不信感の悪循環に陥っている地域も存在する。その差はどこからくるのかというのがパットナムの主たる関心事であった。地域コミュニティが蓄積してきたソーシャル・キャピタルの差が決定的な要因だというのが彼の結論である。パットナム（"Making Democracy Work",1993）の結論を簡潔に表現した部分を引用しよう。

どんな社会においても、「共有地の悲劇」によって、経済的ないし政治的な意味で全体をよくするための住民の協力はなかなか実現しないという状況がある。強制力をともなった権威による問題解決は十分なものとはいえない。地域コミュニティにおいて成員による自発的協力が行われるかどうかは、そのコミュニティにおいてソーシャル・キャピタルが豊かに存在するかどうかに依存する。相互協力をもたらすサンクションが存在し、さまざまな社会的活動に関する市民ネットワークが盛んであると、社会の成員が「ただ乗り」をすることの動機を低め、不確実性を減少させ、将来の協力のためのモデルを提供することになるので、社会的信頼感と協力的態度が促進されることになる。信頼というものはそれ自体、人々の個人的態度によるものであるとともに、社会システムによって創出されるものである。個人個人は、それぞれの行動がその中に埋め込まれているところの社会的規範や社会的ネットワークの存在によって、他の個人を信頼できるように（単なるお人好しということではなく）なれるのである。

パットナムの言っている「ソーシャル・キャピタル」という概念は、社会学者のジェームズ・コールマン(3)らが一九八〇年代の終わりごろから言い出したものである。"social capital"の日本語訳である「社会資本」は、道路や下水道など物理的社会基盤を意味する用語としてすでに固定したイメージが定まっている。それでは、コールマンらが重要視している意味合いと反対のものになってしまう可能性がある。混乱を避けるため、本書ではソーシャル・キャピタルとカタカナ書きにする。

(3) James S. Coleman, "Foundations of Social Theory", Belknap Press, 1990(Reprint 1994).

通常はカネ、モノ、ヒトが資本だと考えられている。コールマンらの言うソーシャル・キャピタルとは、それらの通常の資本と同様に、それを利用できる立場にいる人がなにかしらの目標を達成しようとするときに具体的なメリットを発生させるもとになるものである。ソーシャル・キャピタルは、しかし、通常の資本とは次の点で異なる。モノ、カネ、ヒトは、それぞれ、そのもの自体が資本であるのに対して、ソーシャル・キャピタルは人と人の関係性のパターンに賦与されたものである。つまり、ソーシャル・キャピタルは、コミュニティの関係性の資源である。

ソーシャル・キャピタルという考え方で画期的なのは、関係性に注目したこと、そして、関係性という、従来は捉えがたいと考えられてきたフラジャイルなものが、経済的またはその他の目に見えるメリットを生む源だという主張をしたということである。このことで、社会的なものと経済的なものを、明示的に結びつけて考えられるツールができた。コミュニティ・ソリューションにとっても鍵になる概念のひとつである。

コールマンは、ソーシャル・キャピタルが豊富である例として、臨機応変に役割を変えたり、仲間同士で融通をつけたり変幻自在になれる中東の青空市場（バザール）を挙げているが、エリック・レイモンドの『伽藍とバザール』のバザールが想起される。

コールマンやパットナムがよく引き合いに出す別の例として、東南アジアやアフリカを含む世界のさまざまな地域に実在する非公式な相互金融システムがある。「回転信用組合」と呼ばれるそのシステムは、おおよそ、次のように運営される。組合に二〇人のメンバーがいるとすると、その二〇人が毎月一定の額のお金を組合に拠出する。そうやって集まったお金は、その月に結婚式をするとか自宅の改装とか特別に大きな出費が必要なメンバーが使うことができる。一度、このようにお金を使ったメンバーは、しばらくの間、使う番は回ってこないが、その間も毎月の支払いは続けるというのである。

このような仕組みが、通常の金融機関を通して行うものに比べ、担保をとったり、契約をかわしたり、リスクヘッジとしての保険をかけたりという取引コストを支払わずに成り立っているのは、背景になっているコミュニティがかなりのソーシャル・キャピタルを持っているからだというわけだ。この回転信用組合は、日本で頼母子講と呼ばれているものと基本的には同じものである(4)。

(4) 実際、ロバート・パットナムの著書には、日本のKoとして紹介されている。なお、パットナムの本は日本語訳が出た。河田潤一訳『哲学する民主主義』、NTT出版。

「コミュニティがうまくゆくこと」と「ロール、ツール、ルールをうまく使って、弱さの強さを引き出す、いい相互編集ができていること」と「そのコミュニティに豊富なソーシャル・キャピタルが備わっていること」の三者は、同じこと、というか、一つのポジティブ・フィードバック・サイクルの上の三つの要素である。豊富なソーシャル・キャピタルがあれば相互編集作業もうまく行き、その結果、コミュニティがうまく行く。コミュニティがうまく行けば、さらにソーシャル・キャピタルが豊かになるという具合だ。

ソーシャル・キャピタルとは、関係のメモリーがコミュニティに蓄積されたものである。ヒエラルキーではそれなりに蓄積された情報は存在するが、それを利用できるのは上層部のみである。ヒエラルキーにおける関係は基本的に固定的であるから関係性から学ぶことは比較的少なく、その分、関係性のメモリーは育ちにくい。市場においては、すべての行動、動機、判断は、個人をベースに行われる。したがって、関係のメモリーはない。関係のメモリーがあることによる、結果としての効率性と生産性が、コミュニティ・ソリューションのエンジンである。

ソーシャル・キャピタルとは、コミュニティの関係のメモリーである。遺伝学者のリチャード・ドーキンス(5)の言葉を借りれば、それは、コミュニティの文化遺伝子であるミームだ。そのミームによって運ばれる感動と人間性に対する信頼感の伝承がコミュニティ・ソリューションの秘密である。

(5) リチャード・ドーキンス『延長された表現型』(日高敏隆ほか訳)、紀伊國屋書店、一九八七年。

2 ケアセンター成瀬のソーシャル・キャピタル――成瀬は一日にして成らず

●気持ちのいいスペース

東京、町田市の郊外に、遠目からもよく見えるりんごのマークが外壁についた在宅高齢者サービスセンター「ケアセンター成瀬」がある。高齢者のサービスセンターと聞くと、正直いってなにか暗いイメージがあるが、ここは違う。明るいエントランスのすぐ左に職員のいるスペースがあり、スタッフがてきぱきと対応する。一階は付近の住民がパートで働いているというレストランと喫茶室がある気持ちのいいオープンスペース。何人かの年輩の人が働いている。センターの中を見たいと言えば、「住民の会」のボランティアの人が案内してくれる。こちらも大げさでなく自然な感じがいい。

見る限り別段、とくに凝った建物でもないし、素晴らしいインテリアがあるわけでもない。でも、なにか、いい感じである。

二回目にこのセンターを訪れたとき、なぜか分かった。それは、センターにいる人なのだ。職員もボランティアも「このセンターは私たちの場所だ」と誇らしげだ。高齢者施設は、ともすると、どうしても必要でない人以外は足が遠のく。ここは、いろんな人が顔を出す。特に、マスコミの人や他自治体からの見学者はひきもきらない。年間に数百件の見学がある。ここは、実は、全国からモデルとして注目されている場所なのである。

一九九六年四月にオープンしたケアセンター成瀬は、文字どおり地元住民の力で誕生した。市が高齢者在宅支援事業を民間に委託したという限りにおいては、とりたてて新しいことはない。そのような形態は全国にある。しかし、ケアセンター成瀬の運営を市から事業として委託されている社会福祉法人「創和会」は、一〇〇〇人を越える住民を母体としたボランタリー・グループによって自主的に設立されたものだ。そもそも、この住民グループがセンターを作ることを市に提案した。場所に狙いをつけ、施設の建設段階から専門家を巻き込んで議論し、変更を提案し、完成後のセンターの維持・運営を住民組織がしている。

この住民の力を、仮にお金に換算するといくらになるか試算してみた(6)。数字が把握

(6) 詳しくは、『ボランタリー経済の誕生』を参照のこと。ケアセンター成瀬の経済的側面については同書で分析をしたが、ここでは、一部、重複するが、同書では扱わなかったサービスの内容とセンター設立までの地域の経緯について詳しく述べる。

しやすい施設設備費に注目して、住民グループの働きがなかったらどうなっていたかという仮のケースを想定して現状と比較した。すると、基礎自治体である町田市の財政的負担減という尺度で計った場合、住民の力は毎年三億円の価値があるということがわかった。
もちろん、このセンターのよさはお金では計れない。

設計段階から利用者の意見を反映させてきたので、みかけも使い勝手もいい、気持ちのいいものになっている。ニーズをきちんと聞いて作られたので、電気のスイッチは車椅子利用者を考慮して低い位置に付けられている。計画段階でショートステイの部屋の隣にあった洗濯室を音がうるさいだろうからということで移動した。たっぷりとした収納スペースがあるので掃除道具などを表に出しておかないですむ。細かいことだが大事なことだ。センターには何カ所も手を消毒するための噴霧器が設置されている。これも、小さなことであるが、頻繁に手を消毒することで院内感染が防げるようになる。

浴室も利用者本位にできている。このような施設だと、お風呂は大きなものにしがちであるが、ケアセンター成瀬には家庭用と同じくらいの大きさの浴槽が三つある。浴室には移動できる木製の箱がある。体が不自由な人がそれを使うことで浴槽に入りやすくするためのものである。わざわざ小さなお風呂にしたのは、ここでひとりで入る練習を指導すれば、いままで利用できなかった自宅のお風呂も自分で利用できるようになるだろうというもくろみがあったからだ。実際、センターで練習をしてから、同じ木製の箱を自宅用に注文して、自分で入れるようになったケースもあるという。

ショートステイの部屋は原則個室とし、お酒も飲めるしたばこもすえる共有スペースを作った。センターの建物の設計の段階で、「住民の会」は建設委員会をつくり、外部の専門家の意見をきき、具体的に現実的な対案を示したので、かなり大幅な変更の提案も受け入れられた。最大の変更は、コミュニティスペースになっている地下の部屋の採光を確保するために、庭を大きく掘り下げることで地下室を実質的には一階と同じ印象を与えるようにしたということだ。そのための費用を捻出するには、外壁の仕様など他の部分で節約することを提案した。その結果は、大成功。地下であったところが、明るい日が入る気持ちのいいスペースになった。土を掘った部分には沢山の草木が植えられたのであるが、これは、付近のお年寄りが連日ボランティアで世話をしているという。

ショートステイ用の部屋で使っているベッドカバーは奇麗なパッチワークでできている。これらは、地元の主婦を中心としたボランティア・グループが自分たちの発案で作製したものである。食堂は一〇〇人以上の主婦らからなるワーカーズ・コレクティブに委託されている。食堂で調理をしている人の多くは、まだまだ元気なのに、家では食事を作る機会がなくなってしまっているお年寄りだという。調理指導は、町田に住んでいる元ホテルオークラの料理長の人がボランティアでした。計六回行われた料理教室には、毎回二五人ほどの参加者が来て和気藹々《わきあいあい》の時間を過ごしたという。デイサービスで人気の陶芸教室の指導を含めて、「住民の会」のメンバーが毎週来てボランティアで先生をする。また、近所に住んでいるヴァイオリニストとピアニストによる本格的なコンサートが開かれたりもしている。とにかく、いろいろな人が立ち寄り、いろいろと楽しいことが起こっている場所である。

スタッフや住民の会のボランティアの配慮と努力は、確実に目に見える成果につながっている。

痴呆のある女性がデイサービスで陶芸教室を始めたときは、みな、どうなることかと思った。しかし、みなが作った作品が窯《かま》から出てくると、自分で作った食器を目敏《めざと》く見つけ、嬉しそうにして「これ、私の。これで食事をします」と言って周囲を驚かせた。みんなが同じことをやらされる通常のデイサービスと違って、ケアセンター成瀬のデイサービスは毎日いろいろな活動メニューがあり、サービスを受ける高齢者はどれでも自分の好きなものを選ぶ。コミュニティ・スペースは、デイサービスの時間がくると、あちこちでいろんなことが始まり騒然とする。メニューの多いケアセンター成瀬のデイサービスは希望者が多く、ウェイティング・リストが「半年待ち」の状態で、他の施設に回ってもらわねばならないのがスタッフの悩みの種だ。

リハビリコーナーは通常の施設では奥まった独立の部屋になっていることが多いが、ここでは他の人の目に触れるオープンスペースに設置されている。家族の人には「私は歩行訓練などしない」と言い張っていたある老人が、このスペースを通り掛かるたびに仲間から誘われて、いつか自分も手摺りのついた歩行訓練スペースを利用するようになったという。この、家族に言われるのではなく、「仲間から誘われる」というのはなかなかよく利くらしい。スタッフのうち年齢が高い者たちの間では、「私たちのうちだれが一番早くセンターのお世話になるか、一番早く寝たきりになるか、そうならないように競争だね」というような会話が交わされるという。体は悪くないのに、することがなく家に閉じこもっている七〇歳の男性は、みなに何回も言われて土曜日のスタッフに加わり、すっかり元気になったという。

近くに住む七〇歳を越えた女性は、それまでなにかあるとタクシーを飛ばして都心の病院に駆け込んでいたのだが、センターができてからは頻繁に来訪するようになり、都心の病院にゆくこともめったになくなった。この女性は、独り暮らしで、お正月になると遠い親戚が一緒に過ごそうと誘いに来るというのだが、「来年からはこのセンターで仲間と一緒にお正月を過ごしたい」と言っているそうだ。まさに、遠い親戚より近くの仲間というところだ。

●わたしたちの組織

ケアセンター成瀬は社会福祉法人「創和会」が設置・運営するB型の在宅高齢者サービスセンターで、一九九六年四月にオープンした。創和会は、スタート時には職員一〇名、非常勤が一五名いた。町田市からの委託を受けるかたちで、地域の高齢者のためのデイサービス（対象者一五人）、入浴サービス（六名）、ショートないしミドルステイ（一〇床）、食事サービス、などを提供するとともに、一般の人が会合をひらいたり舞台を借りたりカラオケを楽しんだりできるコミュニティセンターとしての機能も果たすものになっている。

ケアセンターが実現することになった、そもそものことの起こりは、「暖家の会」というボランティアグループの発足である。西嶋公子は一九七九年に成瀬台に移り住んできて西嶋医院を開き、地域のホームドクターを目指していた。西嶋は、往診していた家の介護者の主婦との会話がきっかけとなって、地域医療やコミュニティケアについて考えるボランティア・グループ「暖家の会」を発足させる。一九八九年のことである。「暖家」とは文字通り暖かい家であり、ドイツ語で「ありがとう」を意味するダンケ（Danke）から来ている。

暖家の会に付近の人が集まって、毎週のようにセミナーや勉強会をしているうちに、近所に地域ケアの拠点になりうる市有地があることを聞いた暖家の会は、その後、具体的な計画策定に入り、一九九二年には、四五〇〇名ほどの住民の署名を集めて陳情活動を行い、町田市長に住民参加型の高齢者サービスセンターを作ることを提案した。提案は通り、同年末には町田市が「成瀬台高齢者サービスセンター建設の基本構想を考えるプロジェクト委員会」を発足させた。その後、住民グループが中心となって三八〇〇世帯にアンケート調査をして地域のニーズを確認した。

町田市は、全国的にも、福祉に力をいれている行政体として知られているが、同年までには、町田市を一〇のエリアに分けて、各エリアにいくつかの高齢者施設を作ることを提言した「地域高齢者住宅計画」を策定していた。ケアセンターが建設されることになった土地も、公共目的で利用することは決まっており、そのような状況があったときに、タイミングよく暖家の会をはじめとする多くの住民の自発的活動が巻き起こり、その熱意に後押しされて「ケアセンター成瀬」が実現することになったというわけだ。そのことは一九九三年の町田市の「住民参加型の成瀬台高齢者サービスセンター基本構想」に盛り込まれた。

同年には住民グループが「センター建設促進住民の会」を設立してセンター実現に向けての計画・立案活動を本格化させた。ケアセンターが実際にできた後、これが「センター支援住民の会」となるのである。この「住民の会」では、「成瀬台高齢者サービスセンター基本構想」を市長に答申するとともに、「法人設立準備」「建設」「広報」「資金」「研修」という五つの委員会を設置し、約八〇人のボランティア委員が年間延べ七〇回という会合を開いてセンター実現に向けて住民の意見を反映させ、また、自分たちでこのセンターを運営することの準備を進めてきた。西嶋は、ほとんどすべての委員会に出席したという。なかでも、月二回の会合を重ねてきた建設委員会は、住民、特に、センターができたときに利用者となる高齢者や障害のある人の意見を取り入れながら、一方では、まちづくりに長年かかわってきた何人もの建築家にも参加してもらい、利用者が使いやすいという視点から、多数の提案をし、その多くを実現にこぎつけた。

「住民の会」の働きかけと市の協力によって、土地は市有地が提供され、九億円の建設費は国・都・市の補助金・借入金と社会福祉・医療事業団からの二〇年融資で賄われた。事業団からの融資の利子は、東京都社会福祉振興財団が全額負担することになった。同財団としては極めて異例のことである。ここでも住民の力が大きかったといわれる。

あとは、センター運営の受け皿となる社会福祉法人である。通常は、住民参加といっても、自治体主導で社会福祉法人が設置されトップは自治体OBというのがお決まりのコースである。ここでは違った。「住民の会」は法人設立準備委員会を中心に必死になって法律や会計制度を勉強し、会社経営者であるメンバーが活躍した。そして、いろいろな筋からの「妨害工作」を乗り越え、さまざまな経緯を経て、一九九五年二月に東京都から法人設立が認可された。まさに「わたしたちの組織」の誕生である。通常、公益法人や社会福祉法人を設置するには、多額の資金ないし資産を保有している必要がある。しかし、住民グループが法人設置のために拠出したのは一五〇万円であった。土地と建物を基本財産とするということで認可がおりたのだ。画期的なことであったが、それも、住民の熱意と実績が東京都から評価されたからであろう。

こうして、「暖家の会」発足以来七年目の一九九六年、「住民による、住民のための」地域の高齢者の生活支援拠点が実現したのである。

●どんなことが起こっているか

ケアセンター成瀬で実際に起こっているコミュニティ・ソリューションの具体例をいくつか紹介しよう。ケアセンター成瀬のスタッフからの聞き取り調査の結果をまとめたものである。スタッフのメモという形を取るので、「本センター」というのはケアセンター成瀬のことである。

ケース1　寝たきりから車イス利用へ——家族間の位置づけの復活

プロフィール

Hさん、九五歳女性、息子夫婦と同居、介護者は息子の妻

経緯

寝たきりで、ほとんど無表情。会話もほとんどできない状態であった。難聴であり、三〇年来のリューマチがある。本人も介護者も疲労している。一九九六年一月からある施設に通所入浴を始めたが、遠方のため体調がすぐれず、本センターに移管される。

本センターの利用

一九九六年六月から本センターにてサービス開始。通所入浴のみの希望であったが、本センターの判断で、入浴を含めた週一回のデイサービス利用を勧め、こんにちに至っている。

結果

・表情が豊かになり、言葉も出てきて、自己紹介ができるようになった。

・自分で食事がとれるようになった。

・脚力が出てきて、リクライニング車イスから普通の車イスになった。
・一二月には、自宅の玄関から室内に向かって、数歩であるが、足を互い違いに出して歩くことができた。
・身につける服飾品に関心を払うようになり、また、本センターの懇談会に息子さん夫婦が揃って訪れるなど、家族間のコミュニケーションがよくなったようである。

効果の分析

月二回の通所入浴だけでは、ここまでのADL（日常生活動作能力）向上は見られなかったであろう。本センターを利用するようになってから、まず、本人に顕著な変化が現れ、そのことによって、本人を含む家族のメンバーの間に、家族としての位置づけ意識が復活した。結果として、介護者の物理的な負担だけでなく精神的な負担も軽減された。

ケース2　「寝たきり」にならないような環境の提供

プロフィール

Kさん、九五歳、男性、息子夫婦と同居、主たる介護者は息子

経緯

一九九一年に脳梗塞を患い、寝たきりで、両下肢マヒ。足が萎えていて、立ち上がることが難しい状態。ただし、電動ベッドは自分で操作でき、また、排泄もおむつなしでベッドサイドに置いてあるポータブルで行っている。白内障の手術をしたことがあるが、どうも

見にくいようである。団地の一階に居住しているが、地上から一階のフロアへの五段ほどのステップがあるために移動が困難。これまで行政の福祉サービスを利用したことがまったくなかった。

本センターの利用

一九九六年七月から本センターにてデイサービス開始。リハビリや入浴を含む週一回の利用。九月にはショートステイを利用して、息子さん夫婦が揃って外出できた。

結果

・一〇年ぶりという入浴で垢がすごかった。週一回の定期的入浴によって元気が出た。
・寝ていたために低下していた筋力が戻り、リハビリによって脚が動くようになった。
・九月には自分で車イスを動かせるようになった。
・介護者は大変喜んでいる。
・それまで行政の福祉サービスをまったく利用していなかったが、本センターの勧めでケースワーカーと会い、相談の結果、老人福祉手当が支給され、介護用品・器具の貸与を受けるようになった。
・白内障の手術を受けて一年後に眼鏡を作りに行くことになっていたが、移動できる車がないため、眼鏡ができておらず不自由していた。本センターで車を出して眼鏡を作りに行けた。

効果の分析

週一回の入浴によって人間性が回復されたようだ。これは本センターでなくとも同じことであろうが。リハビリによって多少でも脚が動くようになり、また、車イスを自分で動かせるようになったため、町田市に四台しかないというハンディキャブを呼ばなくとも、家族の助けがあれば外出できるようになった。眼鏡作りの手伝いは、本来、本センターの提供するサービスではない。しかし、本センターでは、利用者や関係者の生活の不自由さを少しでも改善するためには柔軟に対処するという基本精神があり、それが、利用者のＡＤＬの向上に直接つながっている。ケースワーカーとの連係もそのひとつの例である。このケースにおいては、本センターにおける適切なリハビリや家族のフォローがなければ、確実に筋力は低下し続け、病院と老人保健施設との往復の生活か、特別養護老人ホームへの入所ということになりかねなかったであろう。

ケース３　独り暮らしを支えるサービスの提供

本センターは、それぞれの考えと事情に基づいて独り暮らしをする人たちに対して、本センターのスタッフが、それらの人の生き方に真剣に関わり、それぞれのライフスタイルを尊重しながら、本人が個性的な独居生活を送るのに本センターを自主的に随時、利用できるようにしている。次のお二人はそのような独居者である。

プロフィール

Ｔさん、八五歳、女性、独り暮らし

経緯

自宅に風呂がないため、週一～二回タクシーを使って銭湯を利用していた。パーキンソン病もあるため、病院に出かけるついでに買物をし、用事を片付け、銭湯に通っていた。週二回、ホームヘルパーの派遣を受けている。

本センターの利用

週一、二回、本センターを訪れて自分で入浴して帰ってゆく。迎えの車を出すこともあるが、帰りはデイサービス利用者と同じ車を利用する。デイサービスの利用を勧めたが、忙しいということで通所入浴のみの利用となっている。

プロフィール

Fさん、七〇歳、男性、独居

経緯

目が不自由になってひとりでは入浴できない。週四回のホームヘルパーの派遣を受けている。

本センターの利用

週一、二回の通所入浴を利用。目が不自由なので、本センターのスタッフが顔とひげの剃刀あては手伝うが、それ以外は自力でひとりで入浴し、帰ってゆく。迎えの車は出すが、彼も、帰宅はデイサービスの利用者たちと一緒の車に乗る。

これは、一九九七年春時点の状況だった。二年たった今では、ここにあげた方のうち二名は亡くなっており、ひとりは転居したためセンターには来ていない。高齢者ケアは待っていられない。

●住民企業

ケアセンター成瀬は、三年目になって、またひとつ新しい展開が繰り広げられようとしている。センターを一緒にやってきた人たちが中心となって、自分たちで「住民企業」と呼んでいる地域密着型ビジネスがスタートするのだ。

今、全国の高齢者ケアの現場は、二〇〇〇年から始まった介護保険の適用への対応におおわらわである。町田市も例外ではない。市の事業を委託されているという形をとるケアセンター成瀬も、いろいろな面で大きな影響を被ることになった。現場の立場からすると、要介護認定のやり方が実情に必ずしも合わないという問題や、財源だけはしっかりと確保しながらどんなサービスが提供されるかについての保証がないという国の基本的姿勢の不備など、介護保険については、現場からは疑問が多く出される。一方で、第五章で説明するように、介護保険導入により「市場」が出現したことによって、地域NPOが活躍する機会も増えてきたという側面もある。よくもわるくも、新しい流れは始まっている。ケアセンターとしては、西嶋の言い方をすれば「われわれはここで、地域が地域としてのケアの力をつけてゆく」という方針だ。

住民による住民のためのケアセンター成瀬

ケアセンターの名編集者である西嶋公子

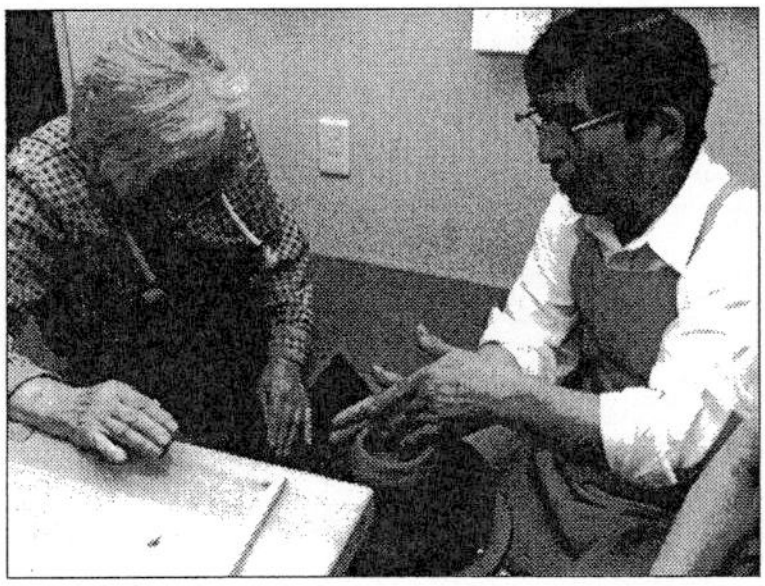

センター創設時には会計の勉強もした岩崎寿美男

「住民の会」の牽引役、岩崎三幸子

センターは、町田市との関連で、独自のケアマネージャーが置かれることになった。それはそれできちんと対応するとして、公的制度のはざまに押し出されてしまう人たちや、介護保険と組み合わせてフレキシブルなサービスを求めている人を対象にしたサービスを、センターとしてのサービスと連動する形で提供できないか。制度に縛られずに、自分たちでできないものか。そう考えてきた「住民の会」のメンバーは、それなら自分たちでビジネスを起こそうと決断した。

センターのシンボルマークであるりんごに因《ちな》んで、家での介護や家事のお手伝いをする「アップル・ホームヘルプサービス」、住宅のちょっとした改造や修理の「アップルすまい」、小人数のフレキシブルなデイサービスを提供する「デイサービスなるせ」、介護用品などを販売する「ザ・アップル」という一連の事業が立ち上がった。一九九八年末には「住民の会」のメンバーを対象にしたサービスが開始した。ケアセンター成瀬ができてから丸三年たった一九九九年四月からは事業としてスタートした。もともとケアセンターは、「自分たちのことは自分たちで」というコンセプトで始まったことである。その住民企業のアイディアも、その流れの中の必然的展開のようにみえる。

これらの事業を始めるにあたっては、ひとつ、重要な背景がある。それは、三年間のケアセンター運営のなかから、着実に地域の人材が育っているということだ。創和会/ケアセンター成瀬は職員、非常勤スタッフ、住民の会のボランティアという体制でやっている。常勤職員は一〇名である。非常勤は一五名で始めたが、九九年二月現在で一人あたり月一五時間で二三人となっている。最近は、非常勤はほとんど全員が「住民の会」のボランティア出身者になった。「デイサービスなるせ」をはじめとする新しい事業は、これら非常勤スタッフが中心になってサービスの提供をしてゆく。たとえば、週のうち一日はケアセンターで非常勤をし、二日は「デイサービスなるせ」で働き、一日はボランティアというような組み合わせが可能になる。

住民の会ボランティアからセンターの非常勤スタッフへ、そして、アップル住民企業のスタッフへという流れができたということである。言ってみれば、この三年間で、地域の高齢者たちに質のいいサービスを提供してきたのと同時に、ケアセンター成瀬は、地域で地域のケアを担う人材を養成してきたのだ。

ビジネスといっても利益をたくさんあげることを目的とするのではない。それにかかわる人たちにそれ相応の収入の道を作るということだ。「アップル住民企業」のサービスの料金を設定するとき、センターの非常勤スタッフが行き来できるようにという考慮がされた。もうひとつ、今は自分たちがサービス提供の側にいるが、ゆくゆくはその自分たち自身が利用者になるのであるから、それほど高くはしたくないということで決まったという。地域による、ボランタリー経済の発生である。

●関係作りの歴史

これが、ケアセンター成瀬がスタートしてからの三年間、そして、センターが実現するそもそもの契機になった「暖家の会」発足からの経緯である。しかし、実は、話はこれで終わりではない。「暖家の会」からケアセンター成瀬に至る住民の力は、今から二十余年前から連綿として脈打っていた関係性のメモリーの賜なのだ。

ケアセンター成瀬のある成瀬台地区は、一九七〇年代まではほとんどが山林で、その合間に農地が入り込んでおり、人家は見当たらなかったという。区画整理が実施され、新興住宅地として開発され、第一次入居は一九七二年である。一九九二年現在で成瀬台地区の人口は八六〇〇人までになった(7)。ここが以下のストーリーのメインの舞台である。

ストーリーが展開される時代は、区画整理が終わり、人々が移り住んでくる一九七〇年代終わりから現在までの約二〇年間である。登場人物は地元の三〇名ほどの住人である。

区画整理後この新興住宅地に移り住んだのは、それぞれ別々の故郷をもち、互いにはじめて顔を会わせることになった人々である。その時点では、何の文化的背景も共有していなかった。また、住民を得たばかりのこの地域には、伝統はもちろん、他の地区なら当然ある社会的制度や人のつながりがまったくなかった。すべてまっさらな状態であった。

それが、自治体やＰＴＡの結成、お祭りの創設、いくつかの住民運動、男性住民の会の設立などという一連の関係作りの動きがあり、その流れの中でケアセンター成瀬の創設につながる住民の力が発揮されたのである。興味深いのは、これらの地域活動を中心的に進めた人々が、ほぼそのまま、現在のケアセンター成瀬の「住民の会」を推進する人たちの

(7) 町田市は高齢者在宅サービスセンター計画をたてるのに市を一〇のエリアに分け、各エリアに二カ所以上の高齢者在宅サービスセンターの設置をすることを目標とした。行政的に言えば、ケアセンター成瀬はその計画の一環として建設された。エリア8は、横浜線成瀬駅の北側、東側はすぐ横浜市青葉区に隣接している地区で、高ケ坂、南大谷、東玉川学園、成瀬台、成瀬が含まれ、全体の人口は四万五〇〇〇人ほどである。

グループを形成しているということである(図5)。これまでケアセンター成瀬ができるまでの歴史は「暖家の会」からの七年間であるとして説明してきたのであるが、実際は、この地に住民が住み着いて以来の二〇年におよぶ、一連の関係作りの歴史があったということだ。

成瀬は一日にして成らず、である。

本章の第一節で、コミュニティ・ソリューションの基盤は、コミュニティにおける、一緒に問題解決した体験の蓄積、つまり、「関係のメモリー」であると言った。図5は、これから述べるストーリーの中にでてくるさまざまなネットワークについて、どのネットワークのメンバーが、その他のどの別のネットワークを設立したり運営したりするのに直接的に関係したかを示したものである。これが、ケアセンター成瀬を生むに至ったこの地域のソーシャル・キャピタルの図である。

時代をおって関係形成の歴史をたどって行こう。

自治会と自治会連合会

この新興住宅地に自治体ができるきっかけになったのは、二つの、典型的な「共有地の悲劇」に起因するトラブルである。まずは、お決まりのゴミの問題があった。そして、学校の建設が始まり土砂運搬のためのトラックが頻繁に通るようになると、その通行ルート決定問題で、ひと悶着あった。学校ができるのはうれしいのだが、誰も自分の家の前の道路をトラックに通ってほしくない。まさに「共有地の悲劇」である。

住民同士の争いが深刻になったのを見かねて自治会設置の先頭に立ったのは、現在「住民の会」の事務局で活躍している岩崎寿美男である。配偶者の岩崎三幸子も少し後から地域ネットワーク活動に加わる。三幸子は現在は「住民の会」のボランティアとしてケアセンター成瀬の案内役をやっている。私がケアセンター成瀬にはじめて行ったときに案内してくれたのもこの岩崎三幸子である。現在、ケアセンターの厨房で調理ボランティアをしている塚本誠子は「地域活動を始めたのは土砂のときの道路の問題で岩崎さんと協力したのがきっかけだった」と振り返る。

自治会がひとつもなかった成瀬台地区に、第一号の成瀬台自治会が一九七九年に発足すると、成瀬台二丁目自治会、成瀬台一丁目自治会、成瀬中央自治会、それに、成瀬台自治会からわかれた北成瀬台自治会と、だんだんと、小さな地区ごとの自治会ができてゆく。

各自治会はそれぞれの地区の問題には対処したが、つぎつぎにできた各地区の自治会同士の相互のコミュニケーションがなかったために、こんどは自治会を単位として「共有地の悲劇」が起こってきた。岩崎がまた音頭をとって、自治会連合会を設立し、各地域が結びつけられることになった。この自治会連合会は、現在でも、さまざまな地域団体を緩やかに結びつける役割を果たしている。

図5　成瀬台地区のソーシャル・キャピタル

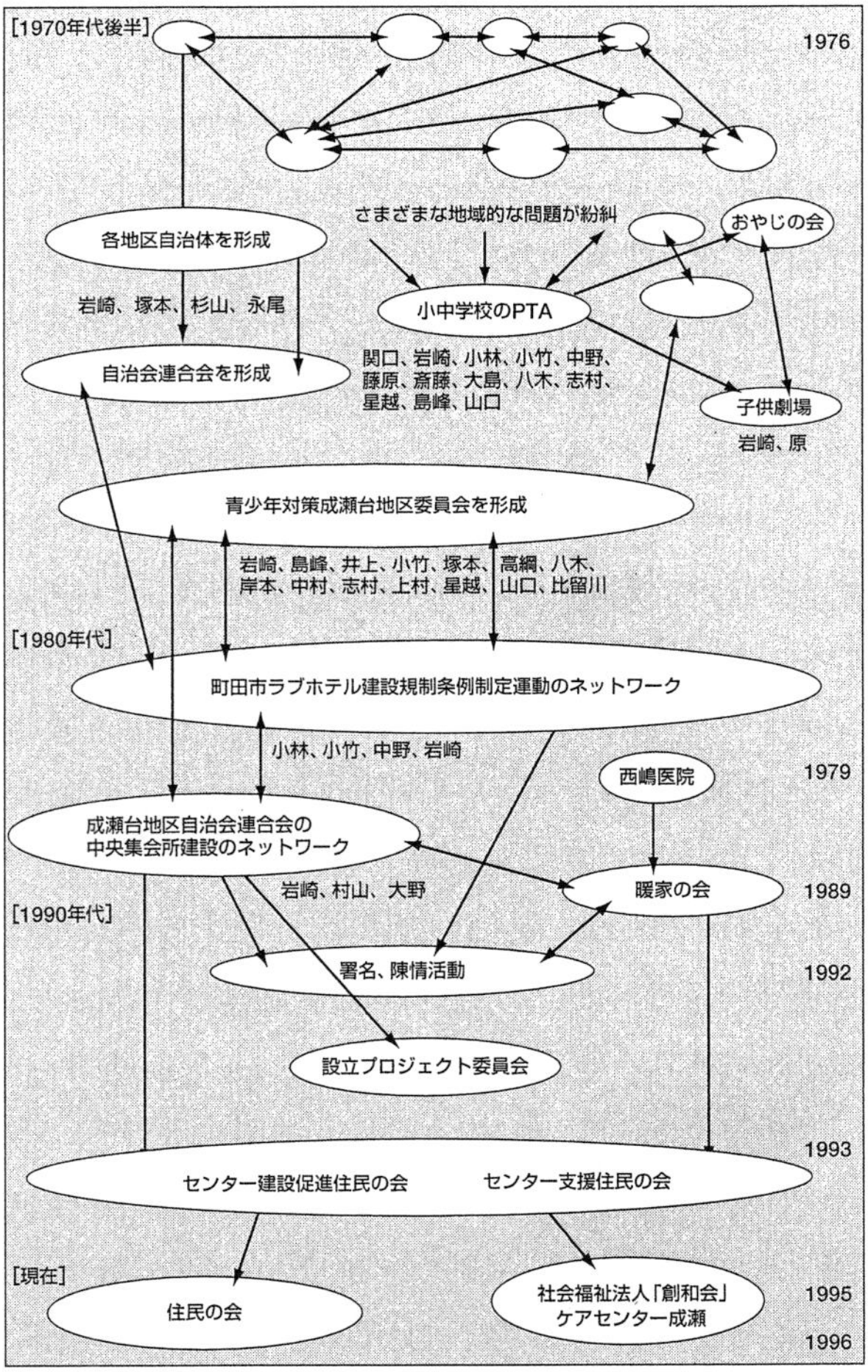

一九九七年度「住民の会」役員／事務局員名簿

会長：木下康仁／副会長：井上恭一／副会長：西嶋公子／事務局長：小竹金次／事務局：村山恵美／会計：藤原重男／地域ケア研究委員会代表：山田敏雄・井口裕／研修委員会代表：岩崎三幸子・山下州粥／広報委員会代表：岩崎寿美男・大島恭子／企画行事委員会代表：村山知・中村文子／事業検討委員会代表：高綱美智子・山田敏子／監事：原厚平・島峰紀子

事務局：小竹金次・志村早苗・岩崎寿美男・岩崎三幸子・藤原重男・島峰紀子・中野花子・中村文子・上村節子・山田敏子・山口輝美・村山恵美・高綱美智子・岸本徳子・斎藤征子・星越千鶴子・大野庸子・塚本誠子・八木フミ

その他に資金委員長：関口美恵子／広報委員長：小林君江／厨房：比留川由起子／訪問者ガイドリーダー：永尾陽子ら「住民の会」で活躍してきた人が登場する。

学校建設陳情からPTAへ

成瀬台が開発された当時にこの地に移り住んできた人々は主に三〇代で、ちょうど小学校や中学校の子供を持つ家庭であった。そのころ、この地域には小学校も中学校もなかったので、子供たちは隣接地域の学校に通学しており、学校を作ってほしいという陳情運動が始まった。現在、「住民の会」事務局長をしている小竹金次や岩崎三幸子などがそうであるように、この陳情が最初の住民運動への参加だという人が多い。学校が建設された後も、子供会、「集団登校を考える会」、給食センターを要望するネットワークなど、関連の問題を解決するためのいろいろな会ができた。

成瀬台小学校では、教員の反対などがあり学校ができてからもしばらくのあいだPTAが設置されなかった。そこで、岩崎三幸子らは「父母の会」を設立し、実質的にいろいろな活動をこなした。後にPTAは認められる。岩崎三幸子は夫の寿美男らとともにPTAのネットワークを基にして、学校や教育にかかわるグループを作って行く。たとえば、「子供劇場」や「親と子供の良い映画をみる会」の地域上映などの会は、すべて、岩崎家の居間から始まったという。

PTAのネットワークは、他にもいろいろなネットワークを生み出している。たとえば、日頃からお互いに交流の少ない父親たちの交流を目的にしたソフトボールのサークルが生まれ、そこから、PTAの支援組織である「おやじの会」が派生した。この「おやじの会」のメンバーは、現在、ケアセンター成瀬で、夏の納涼大会や冬の忘年会があるたびにセンターの中庭でのバーベキュー調理をかって出ている。

男性陣とのかかわりでいうと「少年野球チーム」も重要な役割を果たした。「住民の会」の事務局で活動する志村早苗、中野花子、山口輝美らは、それぞれの配偶者が「少年野球チーム」のコーチをしていたということから家族ぐるみのおつきあいが始まり、一〇年以上のそんなおつきあいの中で互いに誘い合わせてケアセンターの運動に参加したという。ちなみに、志村と山口の息子は、現在、ケアセンター成瀬でボランティアの警備員をしている。

転勤で大阪からこの地に移ってきた中野花子は、ここのPTA活動が大阪のときのように決まりきったものを順番で引き受けるのとはまったく違うと、次のように言っている。「この地域のPTAは全然違った。大阪の学校と違って、逆に歴史がなかった分、自分たちで新たに作り出そうという気持ちがみなの中にあったので、私も何かできないかなと思いながら参加した。その中で、みなの開拓精神に触れて、思わず私もPTA会長を務めさせてもらった。」新しい土地は、それまでリーダーシップをとる機会のなかった多くの人にリーダーになる機会を提供した。

ちなみに成瀬台中学校歴代PTA会長のリストをみると、初代（関口美恵子）、二代目（岩崎寿美男）、三代目（小林君江）、四代目（小竹金次）、六～七代目（中野花子）と、現在ケアセンター成瀬で活躍している関係者が並んでいる。

町田市青少年対策成瀬台地区委員会

ＰＴＡとともに現在でも活発な活動が続いているものに「青少年対策地区委員会」がある。これは、子供たちが暮らしやすい、安全な地域を作ろうという目的で市に要望が出され、市が設立したものである。この委員会は、ケアセンター成瀬設立の動きに、つぎの点で関係がある。というのは、自治会やＰＴＡが、直接的に自分や自分の家族の利益に結びついたネットワーク運動であるのに対して、青少年対策地区委員会の活動は、自分の子供というよりは地域全体の子供たちのためという性格が強い。ケアセンター成瀬もしかりである。センターを支援している人たちは、自分の家族がデイサービスやショートステイサービスを受けるからそうしているのではなく、将来は自分たちも世話になるかもしれないという可能性を含みながら、当面は、自分のことというよりは、みんなのためという気持ちで活動しているのである。

「なるせだいまつり」での経験

一九九八年で二二年目を迎えた「なるせだいまつり」は、その名のとおり成瀬台地区の人たちによる手作りの夏祭りだ。出店は業者を一切頼まず、すべて地域サークルが自分たちで作ったものを提供している。他の地区の規模の大きな祭りに比べて素朴なものであるが、人気は高く、人出も多い。盆踊りのときに流れる「なるせだい音頭」は、ケアセンター成瀬の行事にも頻繁に協力している日本舞踊師範の尾上菊浪（森幸子）によって振り付けられ、曲は、今はセンターの利用者となっている利根川賢治によるものである。

今でこそ、すっかり成瀬台の夏の風物詩となった「なるせだいまつり」であるが、はじめは、岩崎三幸子らが、自分たちでリヤカーを引いて廃品回収をして集めてわずかばかりの資金を作ったり、地元の企業や銀行に働きかけてやっと実現したものであった。しかし、まっさらから、自分たちの「文化」と呼べるものを作り出したという自信は大きいという。実際、小竹は、ケアセンター成瀬の設立を目指す運動を、そもそも、はじめるかどうかというときに、「何もないところからこうして地域の行事や文化を作り出せた住民なのだから、ケアセンターの運動にも理解を示し、協力してくれるだろうという信頼感」を持てたのだと言っている。

町田市ラブホテル建設規制条例制定運動

成瀬台地区の住民のネットワーク活動は、一九八〇年代にはいって、大きく展開する。それは、隣接地域にラブホテルを建設しようという動きに対しての反対運動という形をとったものである。実際の建設予定地は成瀬台ではなく、南側に隣接する成瀬地区のさらに南に位置する南成瀬であった。しかし、成瀬台のネットワークが活発に動き、自治会連合会などを通じて他地域にわたる運動を主導していった。

まず署名運動が行われた。約一〇年前にやった学校建設のための陳情活動の一環として署名を集めた経験はあるが、このときは規模がだいぶ大きかった。ＰＴＡのネットワークや青少年対策地区委員会のネットワークなどが緩やかに連動して署名運動が繰り広げられた。当初は三〇〇〇の署名が集められたが、それでは足りないと町田市から指摘されると、急遽、三万六〇〇〇人分も集めてきた。こうした動きから、当時の町田市長がこの住民主導の動きに信頼を寄せ、その後は、市長みずから積極的に住民の側に立って応援をした。何度か行われた、建設主からの行政訴訟においては、住民を代表して被告として裁判に出て、住民運動の代弁をするということまであった。

条例の制定ということになると議会や議員を説得しなくてはならない。この経験は、後に、ケアセンター成瀬を作る過程で非常に役に立った。はじめは否決された条例をひっくり返して、結局は条例の制定にもちこんだのであるが、これは、奇蹟的ともいえる出来事であると受けとられている。

ラブホテル建設反対の住民の動きについては、いくつか注目すべき点がある。そのひとつは、直接自分の利益に関係しないということにも関心をもって活動をしたという点である。最初は、成瀬の吹上地区という限られた場所に対する建設反対運動に端を発しているのであるが、その運動はたちまち特定の地区に限定されない、町田市全域に効力が及ぶ条例の制定という拡張された目的をもつものに転換された。

逆に言えば、この運動が成功したのは、理念を高く掲げ、特定の地区だけの利害を超えた問題設定をしたからである。当時の町田市開発部木村次長によれば、行政側には、「ラブホテルが一軒建ったからといって、そんなに大騒ぎしなくてもいいのではないか、運動自体がどこか特定の団体のおもわくから仕掛けられたものではないか」という危惧があったという。しかし、よく見てみると、「特定の団体」どころか、ＰＴＡ、市の青少年対策委員会、町内会、地元住民一般など、幅広い団体が一致団結していたのだ。そこで議会も一致してラブホテルの規制条例を可決したということだ。

もうひとつ注目すべきは、「敵」の「強さ」に対してより強い力で臨むのではなく、「弱さの強さ」を適用した誘発作戦にでたということだ。この運動の背後には、こういう事情があった。ラブホテル建設主は、その建設予定地で町内会長をしている「顔役」だったのだ。そのことが、地元住民が反対運動をすることを抑制する理由になっていた。しかし、その顔役の力は、みな表面上では支持してもほんとうは支持していないというみかけだけのものだった。しかし、建設主が町内会長をしているのであるから、町内会に署名運動を依頼してもうまく行かないだろう。そこで、表立った反対運動ということではなく、ＰＴＡ、青少年対策地区委員会などの実質的な人的関係が築かれているネットワークを使って、インフォーマルに誘うという形で署名をお願いした。三万六〇〇〇という多数の署名が集まったことはすでに述べたとおりである。なお、これと類似の誘発路線アプローチは、ケアセンター成瀬設立に向けての活動でも使われて効果を上げた。

成瀬中央集会所建設運動

もうひとつ、ケアセンターに直接関係がある活動があった。これは、西嶋公子を中心とする「暖家の会」が、ケアセンター建設のための署名運動をはじめたちょうどそのころである。成瀬台にあった下水処理施設が不要になり用地の転用が検討されていると聞き、その跡地を所有している民間企業にかけあって、一部を自治会連合会の集会所として利用させてもらうことになった。建設費を調達するのに、連合会は、各自治会の協力、一般からの寄付の他に、町田市の助成金をもらうことにこぎつけた。その後、集会所の設計や建築、それに運営方法などについては、住民主導で行った。このプロセスで、住民たちは何度も会合を重ね、設計図を何回も書き換えた。このプロセスを成功させた経験は、後に、ケアセンター成瀬を実現するときの建設委員会でのプロセスに受け継がれる。

ケアセンターの準備段階で活動していた「建設促進住民の会」の「建設委員会」では、毎週のようにセンター建設案について討議を繰り返していた。そのときの建設委員会の委員長である村山知が、中央集会所建設運動の建設委員長であったことは、偶然ではない。村山は現在でも「住民の会」の企画行事委員長を務めている。村山は、この中央集会所の設計のときも、車椅子利用の人やその他の障害者にも気軽に快適に利用できる施設になるように配慮したのであるが、そのような配慮がケアセンター成瀬の特徴のひとつであることはすでに述べたとおりである。

成瀬台地区の、過去二十余年の住民によるネットワーキングのプロセスをかなり細かく説明してきた。一九七〇年代前までは山林であった場所に人工的に出現したコミュニティの二十余年の歴史の経過の間に、どのような関係性がどのようにして蓄積され、どんな「関係のメモリー」が形成されていったか、お分かりいただけたであろう。

注目すべきは、その関係のメモリーができてきたプロセスにいくつかの段階が認められるということである。

最初に出てきたのは、自治会やPTAという、自分の家族の利益を守るという性格のネットワークだった。そのような活動も、時間とともにさまざまに重なり合いながら、分岐し発展していった。そのことで、関係性の蓄積が進むと、次の段階では、直接的に自分のことというもの以上に広がりのある関係性が展開力をもってくる。青少年対策地区委員会から派生してきたさまざまなグループがその段階を示している。第三段階を象徴するラブホテル建設反対の運動は、特定の地域の限られた利益を「われわれみんなの問題」と設定しなおすことで力を持つ。ケアセンター成瀬はその関係のメモリーが働いたのであろう。東京都町田市成瀬台地区の二〇年間の歩みは、われわれに、地域の関係のメモリーとしてのソーシャル・キャピタルがどんなものかを、分かりやすく見せてくれるのである。

3 結・講・座の編集プロトタイプ

ロバート・パットナムが、日本の頼母子講をソーシャル・キャピタルが高いコミュニティの例として挙げたことは第一節で述べた。そういえば、アローは、社会的選択と決定をする三つの類型のうちのひとつは、比較的小さい社会単位に適用される「伝統的規則や慣習によるもの」であると言っていた。ケアセンター成瀬は、考えてみると、現代の結《ゆい》である。

われわれは、いま、数百年に一度という大きな社会の変革期の真ん中にいる。その変革は、ある意味では近代に最盛期を迎えた社会システムの解体をもたらしているという側面がある。そんな中で、コミュニティ・ソリューションが代替案ではなく、まさに、問題解決の中心であった近代以前の時代を振り返り、伝統的社会のコミュニティにおける関係性の相互編集とそのメモリーの蓄積としてのソーシャル・キャピタル構築に関する知恵を参考にすることも悪くないであろう。

『ボランタリー経済の誕生』の中で、われわれは、中世から近世にかけての日本の伝統組織のボランタリー性について研究し、かなり詳しく解説した。特に、結・講・座という一セットのコミュニティのソーシャル・キャピタル構築のノウハウは、これからのインターネット社会においても、かなり参考になるという結論を得た。ここでは、一部同書から適宜引用しながら、本書で述べているコモンズの相互編集と関係のメモリーの蓄積の仕方にいくつかの基本型があるという見方を提案したい。

●結——something for everybody（みんなになにかしらを）

「結」は、沖縄方言に残る「ユイマール」の「ユイ」である。ユイマールは友達、友愛を意味する。また、「髪を結う」の結でもある。「結」は、基本的には、共同体の中で集中的な人手を必要とするときに、同じ人数の労働力を同じ日数だけ、お互いに提供し合う相互援助システムである。現在でも、日本の多くの村落共同体に存在している。

古来より二〇世紀なかばまで全国の農村にあった田植えの「結」をみてみよう。それは田植えだけを共同作業しているのではない。田の神の物語が共有され、参加する人々を楽しませる歌や踊りがあり、ハレの食事が用意されている。田植えをする人たちも特別な衣装や笠で飾り、神主役をつとめる着飾った人、楽器を奏でる人、特別な料理を調える人もいる。一見、無駄に見える多様な役割が用意され、田植えをする人には主人公としてのスポットライトが当てられている。

ある特定の一つの目的のために、多様な人たちが共同しようとすると、必ず不平や不満が生まれる。たとえば、マンションの脇の共有の空き地に自転車置き場を作るということで、マンションの住人の意見が合わずに大騒動になることがある。共有地を特定の目的に利用しようと言ったとたんに、自転車の数の多い家族と少ない家族、自転車は乗らないがオートバイを停めたい人など、多様さがあだになって話はなかなかまとまらない。

田植え結は稲を植えるだけが、茶摘み結は茶を収穫するだけが目的ではなく、それとともにやってくるさまざまなコミュニティ活動の選択肢を用意し、田植えを一緒にすることで、茶摘みを一緒にすることで、いろいろな特性と好みをもったコミュニティの多様なニーズを背景にして、さまざまな得意をもっている人たちのそれぞれが自分にあったロールを選べるようにする。みんなにそれぞれ活躍の場を提供し、それぞれがそれぞれの満足を得、全体として決して公平ではないが、納得行くようにするコミュニティの知恵が結である。

「結」コモンズのルールは、肝心の作業について全員参加、その他は自由参加というものである。「田植え」とか「茶摘み」自体は、この全員参加の部分であり、結全体にとってみれば、この全員参加の部分は、実はコミュニティの会合をするための口実のようなものかもしれない。自由参加の部分がいかに多様かが、より本質的であろう。田植えにまつわるいろいろな行事や共同作業のうちどんなものをどのように「フルーツバスケット」に盛り込むかが「共同知」である。

もし、単一目的で共同作業をするとなれば、必ず、不公平が出るし、不満が出るし、さぼるものも出てくるであろう。いろいろと用意するというのが結のポイントであり、そのために「共有地の悲劇」が発生しないのである。結が成立するには、基盤になるコミュニティが多様であること、それらの人たちを多様なものとして相互的に扱うこと、また、周囲もそのようなことを認めることが必要である。

結から学ぶ相互編集の知恵は、次のものだ。共有地を保全したり、そこに機能を追加したり、共同地からの果実を収穫しようという場合は、特定のひとつの目的を設定せず、コミュニティのメンバーが、それぞれの得意を生かして参加し、いろいろな形でコミュニティに貢献できていると思える多様なロールを盛り付けたフルーツバスケットを準備するということである。Something for everybody（みんなになにかしらを）である。

前節で説明したケアセンター成瀬は、まさに、このフルーツバスケットである。実際、運動の中心人物で、全体のプロセスの名編集者である西嶋医師は、ケアセンター成瀬の成功の最大の理由を「いろいろな人にたくさんの選択肢を用意したことだ」と言っている。

●講──プロジェクト講とセーフティネット講

「講」は、もともと、仏教の寄進の仕組みとして発生した。仏典は商人の献金による祇園精舎の建設を伝える。寄付を募る仕組みはサンスクリットの「刺激」を意味する「プロツスハナー」（protsahana）にある。触発によって関係をつける。「勧進」と漢訳され、帰依を勧めて寄付を募ることになった。

自分がやらないでも誰か他の人がするだろう。みながそう考えては一円も集まらない。コミュニティの中心人物と目される人が最初に寄進して、勧進というツールを使ってその旨を知らしめれば、「共有地の悲劇」が起こらないですむ。勧進は公共施設の建設や地域の開発を実現するボランタリーなプロジェクト・システムを形成した。

講にはネットワーク・プロデューサーがあらわれる。一二世紀末から一三世紀初頭に活動した勧進聖のトップ、重源が有名だ。重源は全国の山岳寺院の講への参加をよびかけ、山伏などのネットワーカーを動員して、全国的な勧進を繰り広げ、源平の騒乱に焼け落ちた東大寺復興をなしとげ、乱後の経済復興の起爆剤となった。

日本におけるプロジェクト型の「講」のひとつの原形は、今も各地に残る「山の神講」に見られる。涵養林の保全や木材、薪炭自給のために広い範囲の村落共同体にあったものだ。近代の山林私有化による林野荒廃の脅威から、明治期に生まれたものも多い。多治見市大薮町の山の神講は、明治二九年（一八九六）に一五人から二〇人が講仲間を組んではじまった。毎年二月七日の春山の講、一二月七日の冬山の講に山の神をまつるという名目で、ボランタリーに山林の維持をはかった。

プロジェクト型の講には、社会事業を共同で実施することでコミュニティの保全をはかったり「弱者救済」をするという側面があった。それをもっと明確な目的として打ち出したのが、頼母子講あるいは無尽という経済的な講である。

無尽は、講で集めた基金を担保物件に対して貸し付け、利子をとる仕組みだった。近世には都市の町組の有志が講元に共同で積立てし、日待ち、庚申などの講の集会での籤引きで当てると、積立金を借用して事業に活用する仕組みになった。無尽はベンチャー・キャピタルの役割も果たしたのである。

頼母子は、講を組む人々が積み立てた資金を貸し付けるものである。頼母子講は物品への保険としてはたらき、米頼母子、馬頼母子、船頼母子など多岐にわたる。食糧不足、運搬・農耕用の馬の死や漁船の沈没などの不測の事態のために、講元を選んで、金品を積み立てて備えた。

無尽も頼母子でも講元が掛け金を持ち逃げしたり、荘官などが悪用して金銭を吸い上げる搾取の手段となることもあり、荘園主が悪どい頼母子講などの停止を勧告する文書が見られる。近世には宝籤や賭博にもなり、高利の闇金融になった。享保のころから、取締り対象となり、不正を行う講元に重罪を科している。しかし、無尽や頼母子は基本的に講員の自主性を重んじ、為政者の介入を嫌った。為政者の介入を招く被害のほうが大きかったからだ。つまり、講はコミュニティが自主的に作った自分たちのための金融システムであり、セーフティネットである。

無尽では、資金を必要とする人々数十人が金銭に余裕のある商人などにはたらきかけ、たとえば商人五人に五〇〇両ずつ、合計二五〇〇両の基金をつくってもらい、一口五両あるいは一〇両程度で借りて、利息を払うという仕組みをつくったりしている。利息ははたらきかけた借手のほうが提示し、貸手の合意を得る。これは多くて二〇〇人程度の無尽となる。講員が自分たちで積み立てる頼母子の場合には、町組や同業者が単位となることが多い。この場合には多くて二〇家から三〇家程度である。どんなに広く講のネットワークが拡大しても、その単位は相互に触発された交流が深い関係者によって構成されるので、ネットワーカー一人が引き受ける講の単位が一〇〇家以上をこえることは珍しいとされる。これは現代の保険制度や社会保障制度とはかなり異なったセーフティネットの作り方である。

現代の保険は確率論によって成り立ち、多くの人々を均一と見て、同じ金額の掛け金を集めることによって成立する。「大数の法則」によって正規分布があらわれると、そこで掛け金を計算する。確率による適正な掛け金が計算できるためには、できるだけ大量な均一の加入者が必要になる。しかも、加入者の期待の一面だけ、つまり、もっぱら経済的な損失だけに報いることが大前提になっている。

　これで生活の安心を保証できるだろうか。現代の国家管理による年金制度は、破綻への坂道をかけ下っているようにみえる。経済的に破綻するかもしれないということばかりではない。たとえば、生命保険で遺族が保険金をもらっても、心理的に精神的に、決して満足できないことが多い。多様性を考慮しない保険システムを満足の行くものにしようとすると、取引コストが非常に大きなものとなってしまう。

　セーフティネット型の講から学ぶ編集技術としては、経済的側面のみを強調する、やみくもに多くの会員を必要とするシステムではなく、規模を一定程度に抑えながら多様性を確保することで安心を作り出すコミュニティを組織するということである。講の成員にはさまざまな期待値があり、その複雑さに対応できる規模で成立させる必要がある。すると、おのずから最適サイズはきまってこよう。

　このような、多様で適正規模の会員制セーフティネットを作ることが現代でも十分可能であることを示す格好の例は、主に東京に在住する三〇〇世帯をメンバーとする、会員制の在宅ケア支援ネットワークであるライフケアシステムである。ライフケアシステムの特徴は、会員が二四時間いつでも主治医をポケットベルを鳴らすことで呼び出すことができ、医師が電話ないし往診で対応してくれることにある。

ライフケアシステムは会員制で、会員は年一回の総会で自主的に決めた年会費を支払うことでシステムを経済的に支えている。過去一八年の経験から、主宰者の佐藤智医師は、三〇〇世帯前後がライフケアシステムによるセーフティネットにとっての適正サイズであるという。三〇〇世帯のうち、実際に治療が必要な患者を抱えているのはある一定程度の家族であるから、三人の医師と自分の担当の患者のいる家族とは、まさに、「顔がみえる関係」になっている。

会費制であるから、会員はいくらポケットベルを鳴らしても料金はかからない。普通の経済システムなら、ちょっと心配になったら患者はすぐにポケベルを鳴らし、往診にくることを要求するであろう。しかし、それをみなが始めたら「共有地の悲劇」が起こって、このシステムはすぐに破綻してしまうだろう。しかし、実際は、時間外のベルはあまり鳴らない。時間外のポケベルが鳴るのは、医師一人あたり、月平均で二回程度だという。

ライフケアシステムは、目覚ましい成果を上げており、これからの在宅ケアのひとつのモデルとして注目されている。経済面や国際的比較を含んだライフケアシステムの詳細な分析は『ボランタリー経済の誕生』を参照していただきたい。

●座──競いのロールを割り振るルール

「座」とは、要するに「座席」である。複数の人々が集まって座る場合には、座る位置によって意味が生じる。上座に座る人とそうでない人々が生じるわけである。結や講は、みながいることでひとりひとりがよくなるという仕組みだった。座では、誰かが得をすればそれだけ他の誰かが損をするという、ゲーム理論でいうところのゼロサム状態が起こる。コミュニティ内部で、ある種の「競い合い」の要素が生じるというところが、結・講と座の本質的な違いである。座の関係編集ノウハウとは、そのような競いの場面を、みにくい戦いにせず、コミュニティのロールを割り振るルールを作ることでうまく収め、競い合いがあることをコミュニティ全体の活性化につなげるというものである。

「座」はカミが来臨する聖なる場のことである。「座」においてカミとヒトが交流し、そこで得た知識によって、次のカミの来臨までの行動を確認するのである。このカミとヒトのコミュニケーション・プロセスが、「座」の開始から終了するまでの議事進行の原型となっている。カミが来臨する聖なる場の設定にあたっては、いかなる人々も世俗の基準を離れて、そのプロセスを執行するための役割を演じるのである。

祭りはこのようなシナリオのもとに進行するのであるが、そこには、御輿《みこし》をかつげる人、かつげない人、ハレの舞台に上がって芸能を披露する子供とそれに選ばれない子供、などなど、コミュニティ内部にゼロサム的な競いの場面が繰り広げられる。祭りにおいては、共同体の全員が公事に一斉にかかわることになるが、そのとき、誰にどういうロールを割り振るかについてはさまざまな祭りのルールがあり、それに従うことで祭りの盛り上がりを作っている。なお、祭りを実現する座は、危急時には戦闘体制にもなり、災害時には救助復興体制にもなる。祭りの競いは戦闘体制のシミュレーションだともいえる。

現在も全国に数えきれないほどの祭りがある。伝統的な祭りの多くは座、あるいは座が変化した寄合《よりあい》が実行している。結のメンバーがその機能を分担することもある。祭りが大きく複雑になれば、資金や物資の提供のための特別なチーム編成、内外の人々の参加のために講が複合的に組み込まれる場合もある。祭りは、伝統的なボランタリー・システムがいまも活動しつづけている証しである。

座は、また、芸能の場面でもさまざまなかたちで利用された。歌舞伎の劇場を座といい、文学座とか明治座のように現代の劇団や劇場に座が付される。その起源は、神社仏閣の祭りに奉仕する芸能集団が興行を獲得することによって生まれた。その代表的な例が「能」である。能は、大和の興福寺、春日大社、斑鳩の法隆寺などの祭礼に、芸能として猿楽を奉仕する集団が興行の特権を得たことにはじまる。大和四座といい、近江や伊勢の猿楽座を駆逐し、宝生座、観世座、金剛座、金春座を派出した。この間にきびしい生き残り闘争があった。座はパトロンや興行権をめぐって競い合い、芸を高め、現代にまで維持されている。

コミュニケーションはもちろん、オールマイティではない。コミュニティ・ソリューションの不得意分野は、なんだろうか。コミュニティ・ソリューションはコミュニティの問題を解決しようというものであるから、それは、コミュニティを超えた、あるいは、コミュニティ同士の利害対立や利害調整に関しては効果が期待できない。特に、政治的解決や法律制度的解決が必要なコミュニティ間の問題については、コミュニティ・ソリューションが有効であるとは思えない。軍事基地、原子力発電所、産業廃棄物処理施設などの立地の問題がその典型例である。

ただし、公式の権限によって、ないし、経済的に解決されるべき問題についても、問題解決に向けてのプロセスのなかで市民参加とか利害が対立する諸グループによるフォーラムの設定などによる合意形成支援が必要である場合も多いだろう。そのプロセスにおいてはコミュニティ・ソリューションが有効になるであろう。

また、コミュニティ・ソリューションが地球規模の問題に適用されるときは、コミュニティごとの問題とは正反対を向いたグローバル・スタンダードとの関係、つまり、コミュニティ・ソリューションとグローバル・スタンダードとのせめぎ合いが起こる可能性がある。この辺の問題が次章のテーマである。

第四章

グローバル・スタンダードとのせめぎ合い

——食と森の認証

1　アクシスと認証協議会のコモンズ

●認証されている作物

無農薬栽培されたアワ、ヒエ、キビ、ソバ、大麦、ハト麦から作られたという「○△がゆ」なる商品がある通信販売で売り出された。パンフレットに「無農薬派六人の力を結集した」と紹介されているそのお粥の原料は、岩手県の軽米町、紫波町、浄法寺町、鹿児島県の菱刈町、岡山県岡山市で作られているということで、それぞれ自分が作ったものであろう雑穀を両手にのせた六人の写真が掲載されている。

写真を見ると、いかにも人のよさそうな素朴な生産者が写っている。「私たちが原料の雑穀を無農薬で栽培している六人です」というキャプションつきである。「ああ、こういう人たちが作っているのか、無農薬で栽培するって大変だってきくけど、がんばってるんだね」と、ついつい信じてしまう人も多いだろう。しかし、そんなふうに思った人は、通販会社にまんまとだまされたのだ。岩手県農政部畑作振興課が浄法寺町に住んでいると紹介されている二人について調査をしたところ、四年前より生産はしておらず、「名前を貸しただけ」ということだった。

逆のケースもある。アレルギー食品を扱う店としては大手のA店で、アマランスをはじめとして同店で売られている何種類かの雑穀のパッケージに「岩手県アマランスだったんそば協会」のラベルが貼ってある(1)。それを知って協会の生産者であるBさんはびっくりした。A店とは五、六年ほど前の一時期を除いて取り引きがなかったからである。店頭に並んでいるのはいったい何なのか。日本で消費される雑穀のうち国産のものは一割程度であるといわれる。安価な輸入品を岩手産として売っている可能性もある。

都会の子供を中心に、食物アレルギーの人が増えている。米・麦のアレルギーの人にとって雑穀は、主食として、いわば命の綱だ。雑穀は栄養価が高い。たとえば、精白米に比べたとき、ヒエの含有する栄養素は、カルシウムが二倍、蛋白質が一・四倍、食物繊維が二・四倍、鉄分が三・四倍などとなっている。仙台市の小児科医の寺澤政彦によれば、食物アレルギーのパイオニアである群馬大学名誉教授の松村達雄などの専門家は、通常の農産物では症状が悪化するのに、無農薬のものでは悪化しないという例があることを繰り返し報告しているという。そして、寺澤自身が診察したところ、素性のはっきりしない雑穀を食べたために症状がかえって悪化したが、きちんと調べた岩手産の無農薬と認証されているヒエに替えたところ症状の悪化がなくなったという事例があるという(2)。

寺澤の言っている「認証されている」作物とは何であろうか。

私がこのところ愛用している醤油は「大地と海の恵の醤」という名前のもので、岩手県陸前高田市にある八木澤商店が作っている。大豆は和賀町、小麦は軽米町からの無農薬栽培品、塩は日本食塩研究所が専売法上の例外的な許可を受けて生産しているもので一〇〇%伊豆大島の海水を使った、化学調味料や防腐剤は一切使っていない自然海塩で

(1) アマランスの原産地は中米で古代アステカやインカ帝国の重要な穀物だった。この「失われた古代穀物」は、一九七五年にアメリカで有望な作物として注目され、日本には一九八〇年代に導入された。古くて新しい穀物である。だったんそばの「だったん」はモンゴル民族の総称で、中国北東部で栽培されていたことからこの名前になったという。原産地はロシアのバイカル湖周辺である。独特の苦みがあり江戸時代には「苦そば」として栽培されていた。

(2) 寺澤政彦「農薬検出ブランドのヒエでアレルギー症状が悪化」、『食品と暮らしの安全』、第九四号、一九九七年二月一日。

ある。さきほどの「○△がゆ」も軽米町、こんども同じ町であるが、どこが違うか。

その違いは、この醤油に貼られた黄色の「認証ラベル」(二〇七頁参照) である。それは「環境保全型農産物生産加工流通認証協議会」(長いので、以下では認証協議会と呼ぶことにする) による公式の認証品であることを示すもので、私が現在使っているものは認証番号が第R-一〇-五-一一号となっている。大豆と小麦については「無農薬」の認証を受けていることを保証するそれぞれの認証番号が掲載され、また、加工についても別の認証番号が記載されている。

大豆の国内自給率は下がりつづけていて、現在は二~三%になっているという。日本で消費される大豆のほとんどはアメリカから輸入されたものであるが、スーパーなどに行って、納豆コーナーなどを見ると「国産無農薬大豆使用」などと書かれているものも多い。国産は二~三%なのに、これはおかしい。認証ラベルは、認証協議会が原材料が一定の基準にしたがって無農薬で栽培されたことを保証するものである。有機食品や有機加工品を認証する民間団体は現在日本で数団体ある。その団体が信用がおけるものであれば、認証ラベルが偽造されていない限り、「無農薬」は無農薬だし、「有機」は有機であることが分かり、安心して食べられる(3)。

健康食品店に行かなくとも、スーパーの棚を見てみれば、豆腐や野菜などで「有機」「無農薬」の表示がある商品が少なくない。あとで説明する、農水省による有機農産物のガイドラインに沿った表示をしてあるものもある。しかし、その表示の信憑性を保証する

(3) 認証ラベルの偽造を防ぐには、たとえば、インターネットを通じて電子証明書を発行して電子認証するなどの方法が考えられる。

認証マークがあるものは、まだ、稀だ(4)。

農水省では、一九九七年七月より有機農産物基準・認証の検討会を設置し、審議を進めてきた。一九九九年の通常国会に、有機農産物や加工品についての基準を示し、その基準を満たさないものは「有機」という表示をできないようにするための法案が提出されている。具体的には、食品表示に関するＪＡＳ（日本農林規格）法を改正することで、原則的にオーガニックの国際基準との整合性をもたせる方向での改正である。

これであいまいな表示の問題が少なくなるであろう。一方で、これは世界貿易体制の下での外圧によるものという側面ももっている。日本の有機農業はこれまで日本の「特殊性」を理由に国際的にいえば「いいかげんな」方法で行ってきたか、個人がごく小規模に自分の信念でやっているかの場合が多かった。どちらにしても、マネージメントの視点はほとんどなく、国際基準が要求するような栽培の記録などはまったくとっていない場合が多いという。つまり、ほとんどがグローバル・スタンダードを満たさないのである。

となると、近い将来には、日本の店で買える有機野菜や有機加工品はほとんどがアメリカから輸入されたもの、という笑えない話が本当のことになるかもしれない。

実は、これは、有機食品だけではない。循環型の森林認証制度も世界標準ができつつあるが、日本の林業はみごとに立ち遅れている。こちらも、数年後に気付いてみたら、グローバル・スタンダードを満たさない国産木材を使って建てた家は不公正貿易の象徴として世界から非難されるということになりかねない。

（4）私の自宅の冷蔵庫の中には、実は、「オーガニック・チョコレート」が入っている。グリコが売り出しているスイス製のものであるが、このチョコレートのカバーには「有機栽培原料使用」と書いてある。さらに、「この商品はBIO SUISSE（スイスのオーガニック認証団体）によりオーガニックと認定されています」という説明文があり、認定番号と認証団体とされるBIO SUISSEのロゴマークが印刷されている（二〇七頁参照）。

●農水省のガイドライン

日本全国の「有機」農産物の二〇％程度は東京で消費されるといわれている。ここで有機にかっこをつけているのは、有機農産物の定義については、いろいろとあるからだ。ここしばらくは、あとで詳しく説明する農水省のガイドラインでいうところの「有機農産物」と「特別栽培農産物」を合わせたものを指すものとする（ただし、農水省ガイドラインでいう「特別栽培農産物」は世界標準を満たすものではない）。中央卸市場での調査によると、取り扱われる野菜や果物のうち「有機」のものは二％程度にすぎない。しかし、ニーズは高い。東京都が一九九二年に行ったモニター・アンケート調査によると、九三・四％の人が有機野菜に「関心あり」と答えたという。価格が同じなら有機野菜を買うという人が四九・一％、価格が少し高くても買うという人が四五・四％だった。

都民が安心できる、生産地の自治体が認証する（または、栽培確認する）「有機」農産物などに分かりやすい表示をつけ、都内で安定的、継続的に商品を供給しようということで、東京都では、一九九七年より全国初の流通推進事業を本格的に開始した。具体的には、東京都が「流通指針」という形で農水省ガイドラインを補強した基準をつくり、独自の認証制度をもつ自治体と「流通協定」を結ぶことで品質が保証された「有機」農産物を確保しようというものである。東京都でも残留農薬や日持ちなどについての独自の検査や現地視察などを行い、違反があれば取り引き停止を含む処置をとることも想定している。一九九八

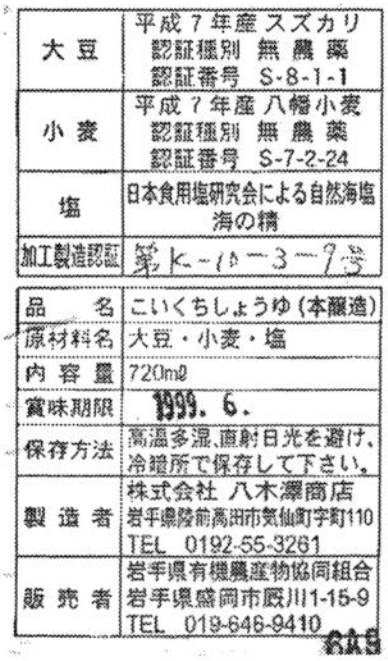

アクシス／認証協議会の認証マークと認証内容
記述ラベル

東京都の流通協定で使っている認証マーク

1999年のバレンタインデーに売り出されたグリコの認証チョコの包装

年八月の第三次協定締結時で、全国の一県、一三市町村と協定が結ばれている。

流通協定を結んだ自治体が認証する「有機」農産物は、東京都に登録した指定取扱事業者を介して都民に供給される。一九九九年四月現在、卸、小売あわせて六〇〇店ほどが登録をしている。流通業者に特に資格はないが、流通協定品を確実に荷受けしたり、実際に店頭に並ぶことが確認されたら登録することができ、東京都の流通協定品を扱う店であることを示す表示、および農作物につけられた三色の認証ラベル（二〇七頁参照）の説明をするための表示板が提供されることになる。栽培法の違いによって決まったオレンジ、グリーン、ブルーのラベルである。

この流通ルートを通じて最初の一年は約一五〇〇トンの供給があった。今後は年間二五〇〇トン程度を目指すという。実績として大きいボリュームになっているのは、長野県川上村の「減農薬、減化学肥料」のレタス（年間六〇〇トン）、熊本県のミカンとたまねぎ（五〇〇トン）、それに宮崎県綾町のきゅうりと人参（三〇〇トン）となっている。

消費者にとっては、適正な表示があること、流通過程が明確で、情報公開がされているということで、安心して購入できるというメリットがある。流通業者にも、もちろん、メリットがある。小売店頭での評判もいいということである。

産地にとっては、流通経路が保証されているということ、自分たちが生産した農産物が自治体と東京都の「お墨つき」をもらえるということ、また、それによって品質が保証されるので従来より高値で売れる可能性があることなど、メリットは大きい。たとえば、岩手県二戸市では、ヒエ、アワ、キビや豆類などの雑穀を中心にこの流通協定を通じて東京都に出荷しているが、雑穀の一部については過去三年間の実績が認められて、全国の協定品のうち唯一のオレンジ色のラベルを表示できる対象品となった。二戸市の公的な保証もテコになり、価格も産直価格でキロ二〇〇〇円以上という高値で出荷されている。

ここで、この東京都の流通協定も基礎を置いている農水省のガイドラインについて簡単に説明しておこう。素人にはとっつきにくい用語が並ぶのでちょっと厄介なものであるが、これからの話をすすめるうえでの基本になるものだから、しばらくおつきあいいただきたい。

一九九三年に施行され、その後、九六年と九七年に改訂された「有機農産物等に係わる青果物等特別表示ガイドライン」は、野菜、果実、穀類、豆類、乾燥調整された茶、それに第二回の改訂時に加えられた米と麦などについて、栽培方法と栽培履歴によって分類し、定義を与えたものである。化学合成農薬と化学肥料を、用いているか用いていないか、用いていない場合はどのくらいの期間用いていないか、用いている場合は、その地域の慣行に比べて半分以上か以下かという、いくつかのキーによって分類される。具体的にいうと、以下の六つの分類項目に定義が与えられている。

（a）有機農産物——化学合成農薬、化学肥料を三年以上用いない田畑で有機栽培

（b）転換期間中有機農産物——化学合成農薬、化学肥料を六カ月以上用いない田畑で有

機栽培
(c) 無農薬栽培農産物――農薬を用いないで栽培
(d) 無化学肥料栽培農産物――化学肥料を用いないで栽培
(e) 減農薬栽培農産物――その地域で慣行的に使われている農薬の使用回数ないし使用量がおおむね五割以下で栽培
(f) 減化学肥料栽培農産物――その地域で慣行的に使われている化学肥料の使用回数ないし使用量がおおむね五割以下で栽培

はじめの二つは(広義の)「有機農産物」、最後の四つは「特別栽培農産物」と呼ばれる。この分類を図式化すると図6のようになる。

このガイドラインには法的拘束力はなく、また、違反者に対する罰則も決められていない。食生活情報センターが「有機」栽培青果物を扱っている全国の小売店一七五店を選んで調査したところ、農水省ガイドラインによる表示を取り入れていたものが七五%であった。このうち、(a) 有機農産物と (b) 転換期間中有機農産物が、それぞれ、三〇%と一一%、(c) 無農薬栽培農産物と (d) 無化学肥料栽培農産物が、それぞれ、一四%と一〇%、そして、(e) 減農薬栽培農産物と (f) 減化学肥料栽培農産物が、それぞれ、三八%と八%であった(5)。

農水省ガイドラインの評価は、特別栽培農産物をどう考えるべきかという点についての

(5) ガイドラインでいう有機農産物は生産量の数%以下といわれているので、有機農産物の三〇%という数字はかなり怪しい。

図6　農水省ガイドライン

<table>
<tr><td colspan="3" rowspan="3"></td><td colspan="5">化学肥料</td></tr>
<tr><td colspan="3">無使用</td><td colspan="2">使用</td></tr>
<tr><td>3年以上</td><td>6ヵ月以上</td><td>その他</td><td>慣行使用量の5割以下</td><td>慣行使用量の5割超</td></tr>
<tr><td rowspan="5">化学合成農薬</td><td rowspan="3">無使用</td><td>3年以上</td><td>(a)</td><td></td><td></td><td rowspan="3">(c)</td><td rowspan="3">(c)</td></tr>
<tr><td>6ヵ月以上</td><td colspan="2">(b)</td><td></td></tr>
<tr><td>その他</td><td colspan="3">(c)　(d)</td></tr>
<tr><td rowspan="2">使用</td><td>慣行使用回数の5割以下</td><td colspan="3">(d)</td><td>(e)　(f)</td><td>(e)</td></tr>
<tr><td>慣行使用回数の5割超</td><td colspan="3">(d)</td><td>(f)</td><td>慣行栽培農産物</td></tr>
</table>

それぞれの立場と考え方でかなり分かれる。また、「減農薬」「減化学肥料」というコンセプトが国際的常識からするとまったく理解できないものであるだけでなく、一般の消費者にもきわめて分かりにくいという難点がある。特に、最近さまざまな事実が判明してきて問題になっているいわゆる環境ホルモン(6)は微量でも甚大な悪影響があることが分かっている。したがって、化学製品の利用が少ないということが安全にはつながらないという問題がある。

いろいろな議論があるが、このガイドラインは、東京都における「有機」農産物の基準のもとになったなど、まがりなりにも、一定の役割は果たしたものといえよう。

●岩手県の自然環境

東京都の分類は農水省ガイドラインの分類を一部まとめて、わかりやすいように三つの色のラベルに対応する三区分に再編成したものである。オレンジラベルは狭義の有機農産物、グリーンは転換期間中有機農産物、無農薬・無化学肥料栽培農産物、減農薬・無化学肥料栽培農産物、無農薬・減化学肥料栽培農産物、そして、減農薬・減化学肥料栽培農産物がブルーである。

東京都と流通協定を結んだ自治体は全国で一三あるが、注目すべきは、そのなかで岩手県の自治体が八つもあるということだ。二戸市、九戸村、田野畑村、藤沢町、浄法寺町、岩泉町、種市町と大東町である。しかも、さきほど言ったように、一九九八年八月現在、

(6) 環境ホルモンとは、生物の生殖機能などに影響を与える恐れがある内分泌撹乱物質のことで、一九九二年にコペンハーゲン大学のスカケベック博士が「精子の数が過去五〇年間で半減した」という研究結果の発表をしたことなどから一躍話題になった。環境庁が六七の化学物質について環境ホルモンの存在について調査を開始したが、そのうち四三は農薬で、そのうち二〇種類は今も農薬として使用されているものである。結果が出されるのは二〇〇一年以降であるという。

全国のすべての協定品のうち、もっとも厳しい条件をクリアしたオレンジの認証ラベルをもらっている唯一の自治体が、岩手県の二戸市である。これはなぜか。

実は、これにはちゃんとした理由があるのだ。その背景には、盛岡にあるアクシスという環境NPOが牽引車となって、自治体や県と協力関係をとりつけ、巧みに役割分担をすることでできた、きわめてユニークな認証団体が、東京都が自治体との流通事業を始める三年前の一九九四年には発足しており、既に実績を上げていたからである。

アクシスは、もともとアトピーに苦しむ子供の親が集まって、県内の生産者と協力して安全な穀類などの食べ物を手にいれようというボランティア団体としてはじまった。代表の岩泉好和は、七〇年安保時代、アルバイト活動が主だった大学を中退し、全国でさまざまな職業を経てから盛岡に戻って自分で建築事務所を開き、インテリア・デザイナーとして成功を収める一方で、義祖父が再建を頼まれた倒産寸前の乳業会社を立て直したりするなど、波瀾万丈の人生を歩んできた盛岡市出身の団塊の世代人である。ちなみに、岩泉の実家は、東京都と協定を結んでいる岩手県の八つの自治体のひとつである岩泉町の出である。

本章でこれまで、「岩手」という地名が再三登場している。それは、決して偶然ではない。アワ、ヒエ、キビなどの雑穀の生産量に関しては、岩手県が生産日本一だからである。その冷涼な気候から、他地域に比べもともと農薬の利用が少なく、有機農業には恵まれた土地柄だという好条件もある。さらに、岩手県は豊かな森林をもち（森林の二酸化炭素吸収量は北海道を除き全国トップ）、昔に比べて低調になったといっても木炭生産も日本一である。伝統的な集落もまだたくさん残っている。アクシスと岩泉の目覚ましい活躍の背景にはこんな岩手の自然環境があるのかもしれない。

アクシスにとってもう一人キーパーソンがいる。アクシスのボランティア・スタッフでこれから説明する認証協議会の専任スタッフである高橋信子である。高橋は、東京生まれで、ＩＣＵ（国際基督教大学）在学中に、農業に関しては全米一のプログラムをもつカリフォルニア大学デイビス校に留学し、帰国後アクシスに参加した。アクシスの中心メンバーとして活躍するかたわら、岩手県久慈市端神集落で七カ月農耕生活を送った。ここで自分で畑を耕し雑穀を作りながら、インターネットで有機認証に関する海外の情報を集め、みずからも端神集落発の情報を世界に発信し、あとで説明することになるが、有機農産物についてのＮＧＯによるグローバル・スタンダードともいえるＩＦＯＡＭの有機基準に影響を与えたりした。

脱線するが、私がアクシスの主催する有機農産物と森林認証の国際シンポジウムに出席したおりに、岩泉の案内で広大な森林を見たり、日本最大といわれる炭焼き地域を訪れて昔ながらの炭焼き釜を見学させていただいていたく感動した。そこで、翌年の金子研究室の夏合宿は岩手県の北端にある小さな山村で行うことになった。かくして、総勢十数人の大学院生に高橋信子も加わり岩手の自然と郷土料理を満喫したのだった。

話を本題に戻そう。身近なことから始まったアクシスであるが、自分の子供に食べさせる安全な食べ物の確保をするには、もっと広く環境問題を考え、衣食住の全般に共通して潜む有害化学物質と、健康への影響、目標となる全循環について検討しなくてはならないと感じ、「生命と国土の安全保障」というコンセプトを中心に活動を大きく展開した。以下でその活動の成果の一部を紹介するのであるが、実質、数人からなる、岩手の小さなNPOが、日本中だれもできなかったいくつかのことを、外からみると当り前のように実現させてしまっている。驚くべきことである。こんなところにも、小さな活動が世界に直結し、それがフィィードフォワードするという、まさにネットワーク時代が始まっていることのなによりの証拠があるのだ。

アクシスが転機を迎えることになった直接の契機は、すでにいくつかの例で紹介した不当表示の問題である。もともと国産の雑穀は国内流通量の一〇％程度と少ない。そのわりには、「国産」「岩手産」を名乗る雑穀が多い。飼料やペットの鳥のエサ用に、中国などから輸入された安価な輸入品を「岩手産無農薬」などと偽って流している悪徳業者がめずらしくないのだ。パッケージを勝手に変えるくらいは朝飯前。人の名前をかたったり、それらしい名前の架空の有機生産者団体をでっちあげることは当り前。ポストハーベスト農薬が残留していてもおかまいなし。そんな状況があるのだという。

そこに、オーガニック・ブームで有機食品の需要が高まってくると、岩手県を含む全国で産地の囲い込みが始まった。もともと、限られた生産者や産地である。それを奪いあったうえ、消費者が無防備なのをいいことに表示をいつわったり、農協などの圧力に弱い地方自治体がいいかげんな認定制度を作り、その受益者である農業経済団体が認証するというのは、経済学やゲームの理論でいう、フリーライディング（ただ乗り）である。フリーライディングが横行するコミュニティは、必ずといっていいほどうまく行かない。

実際、どんなことをしてでも小さなパイをとりあうということは、関係者全員にとって望ましくないことである。消費者は深刻な被害にあう。岩手県も雑穀生産日本一、有機農業先進地域というイメージに著しく傷がつく。流通業者も生産者も、まさに、じり貧状態になってしまう。ゼロサム・ゲームでただ乗りをして目先の利益を得るのではなく、地域の、そして、日本全体の有機農業を発展させるポジティブサム・ゲームに転換しなければ、結局、首を締められるのは自分たちである。

このような、三すくみ状態から抜け出す切り札としてアクシスが手がけたのが認証システムである。それは、ブラックボックス化していた有機農作物の生産・加工・流通の各プロセスの情報を開示し、本物とそうでないものを差別化するための認証を行う受け皿作りである。アクシスでは、もともと、生産者とは深いつきあいをしていた。農協や生協とも、県経済連の人々とも、県庁や自治体の役人や県議会議員とも交流があった。海外の動きもインターネットを通じて知っていた。ノウハウと知識はあった。しかし、いかんせん、認証という仕組みは、社会的信用がなくてはできないものである。

●認証協議会

アクシスの岩泉は、デザイナーだけあって、その行動パターンをみていると、きわめて優れた編集者であるということがわかる。アクシス自体は、社会的権威のない、小さなNPOである。しかし、それだからこそ、利害対立やこれまでのしがらみが少ない。誰にでも警戒されずに会いにいけるし、それまで必ずしもうまくいっていない人たち同士をつなぐこともできる。県議会議員には県の名誉を、県経済連のお偉方には岩手県産農産物振興の道筋を、県庁の官僚には最新情報と現場の情報を獲得することを、県の有機農業促進に本気で熱意を持って取り組んでいる役人には実質的な共同作業の機会と将来のビジョンを、それぞれのインセンティブと感じてもらうように働きかけながら、アクシスを核とした、NPOと県と自治体が協力した有機農産物認証制度を構築した。本章の冒頭で紹介した、天然海塩から作られた醤油は、この協議会の認証を受けたものである。

環境保全型農産物生産加工流通認証協議会（以下では「認証協議会」）のパンフレットによると、農水省盛岡食糧事務所と岩手県農政部がアドバイザーで、岩手県議会有志議員による研究会メンバーが顧問となっている。正会員、賛助会員、賛同者のリストには、JA岩手県経済連、各自治体の農協、いわて生協、各自治体、製粉組合、食品加工団体、流通業者、小売店、県内外市民団体に、医師や学識経験者ら個人などなど、多様にして、いろいろなロールを果たすべきメンバーが揃っている。

基本的ノウハウや現場での技術や国際的な標準との整合性はアクシスが提供し、各市町村などが生産に協力し、食糧事務所が等級検査をして品質を保証し、市民団体などが販売先の紹介などを行う。県の農政部や県議会議員研究会の代表がアドバイザーや顧問として加わっているのは、「これは怪しいものではない」というお墨つきを与えるというロールを担っているのであろう。

認証を司る仕組みにとっての命は、信用と信憑性を提供できるかということである。注目すべきは、これらのメンバーのどれをとっても、それ単独では十分な信用と信憑性を付与することはできないであろうということだ。これらの多様なプレーヤーが認証協議会というコモンズに自発的に集まったということ自体が、そして、それら多様で、部分的には利害が対立するであろうさまざまなメンバーが相互に信用を与えており、その相互信用の集まりが全体として認証協議会の信用と信憑性を作っているのである。

そして、このコモンズを実質的に主宰——というか、編集——しているのが、世間的には「弱小」で、社会的、政治的、経済的な、どんな権力ももっていない小集団であるアクシスだということが重要である。

ちなみに、認証協議会全体としてスタッフは四人、そのうち、給料を得ているものは高橋信子を含めて二名という身軽さである。大きな資本がある企業が声をかけてできたものなら、どうしても、特定の企業の利益が優先されるであろう。すると、信頼性に乏しくなる。県が会を作ればメンバーは集まるかもしれない。しかし、行政主導の会が実際に機能するかどうかということに関しては、いまひとつ信憑性に欠ける。受け皿コモンズを用意したのが弱い存在だということは、そこに集まったメンバーは自分の意思で来ているということ、つまり、それぞれがこのコモンズに参加し他のメンバーと協力することにメリットありと感じているということのなによりの証拠である。そのことが、認証協議会がうまく機能するという対外的な安心感と信憑性を作り出しているのである。

アクシスが巧妙に編集して作り出した認証協議会は、まさに、地域におけるコミュニティ・ソリューションの母型である。

認証協議会の目的は、生産現場から家庭の食卓に至るまで、環境保全型農産物の安全性を保証しようというものだ。そのために、まず、安全な農産物の基準を示し、その基準に沿った検査をし、クリアしたものには認証協議会の認証マークを付与する。また、生産者から消費者までの流通プロセスを作り、適切な経済が成り立つようにする。なお、アクシスや認証協議会は、検査をして「いい」「わるい」を宣言することを目的としているのではなく、国際基準を想定した基準を提示することで、生産者、加工者、消費者の間のコミュニケーション・チャネルを開き、いい意味での教育をしてゆくということである。つまり、認証協議会の基準、検査方法、認証マークは、認証協議会というコモンズのメンバーがみなで貢献し、ともに作って行くもの、そして、共有財産として蓄積するコモンズの共同知である。

アクシスは、有機農産物の事実上の世界標準を構築してきた国際NGOであるIFOAMの加盟メンバーであり（IFOAMについてはあとで詳しく述べる）、アクシス自体は国際基準に対応する厳しい独自の基準をもっている。しかし、認証協議会の基準は、農水省ガイドラインに準拠した現実的なものとしてある。ここではその内容を詳しく述べないが、東京都の分類に近く、いくらか「厳しい」ものとしてアクシスの有機基準を加味したものとなっている。実際の認証作業は、かなり複雑なものであり、ここで詳しくは述べない。

認証協議会のひとつの特徴は、穀類を主にして、収穫後に「農産物検査法」に基づく栽培品の審査を組み込んでいるということだ。農水省盛岡食糧事務所が抜取りサンプリングによって等級検査をする。その後、国から許可を受けた特殊検査袋に大蔵省印刷局による封緘《ふうかん》をし、中味の保証をする。農産物検査法という制度は古くからあったのだが、岩手県ではそれを二〇年ぶりで新しい意味合いをもたせて復活したということである。

東京都が生産自治体と協定を結ぶときには、相手方の自治体が独自の認証制度をもっている（ないし、栽培確認がされる）ことが前提になっている。これまで協定を結んだ自治体の数が限られているのは、県や市町村で独自の認証制度をもっているところが少ないからだ。たとえば、一九九九年四月現在、都道府県単位で認証制度をもっているのは、埼玉、東京、新潟、石川、岐阜、兵庫、岡山、香川、高知、熊本と、岩手だけである（ただし、JAS法改正にともなって、その数は急速に増えることが予想される）。岩手県では、アクシスと認証協議会が県から委託されるかたちで、各自治体での認証がきちんとできている。東京都と流通協定を結んでいる全国の自治体のうち六割以上が岩手県の市・町・村であるのは、したがって、決して偶然ではないのである。

2 NGOによるグローバル・スタンダード

●認証基準作り

ヨーロッパとアメリカにおいては、有機農産物の基準作りや認証制度にはかなりの歴史がある。長年の議論を経て、この一、二年間で、まさにグローバル・スタンダードができようとしている。以下では、その経緯と様子の概要を述べる。

ヨーロッパとアメリカの有機農業は、イギリスのソイル・アソシエーション（土壌財団、設立一九四六年）やアメリカの「土と健康財団」（一九四七年設立）あたりまでさかのぼれる。主として生産者の地道な活動として始まった。ソイル・アソシエーションは他の団体に先んじてオーガニックの基準作りを一九七〇年代はじめから行っている。アメリカでは一九七〇年代にＣＣＯＦ（カリフォルニア認証有機農業者協会）が設立されたのがひとつの契機になって、いろいろな民間認証団体が出現してきた。

ＩＦＯＡＭ（国際有機農業運動連盟）やＯＣＩＡ（国際有機農産物改良協会）など、その後、国際

NGO(7)へと発展する団体も誕生した。OCIAやIFOAMは一九八〇年代に認証基準作りを行った。これから先は、結果としてであるが、オーガニックのグローバル・スタンダードが作られる動きとなるが、それは三つの道筋をとっていった。

そのひとつは、さまざまなNGOが話し合い、情報交換をすることを通じてそれが集約されることでIFOAMが一九八二年に最初のバージョンを作成し、その後、頻繁に改訂をしてきた基準が世界中の多くの民間団体の支持を集め、共通項になるという動きである。IFOAMは、その後、各国で認証作業をする民間団体を、一定水準を満たすものとして認定するというアンブレラNGOとなり、それぞれが独自に認証作業をすることを目的とする団体をメンバーとするようになった。現在IFOAMには六八〇くらいの団体が加盟している。

IFOAMの「基本標準(Basic Standards)」は、現在では、民間団体による唯一の国際的基準として広く認められ、各国の認証団体の基準作りのベースになっている。つまり、IFOAMの基準がひとつのグローバル・スタンダードとなっている。このように、IFOAM自身は各国のコミュニティを基盤にしながらも、グローバルな力をもつ、第二章の言い方をすれば「グローバル指向+コミュニティ指向」の領域に位置する、興味深い独自のボランタリー・コモンズを形成している。その詳しい話はあとでするとして、今は、オーガニックの世界標準形成の他の流れの説明を進めよう。

(7)本書ではNGO(non-governmental organization)とNPO(non-profit organization)はどちらも民間非営利団体を指すものとして特に区別せずに使う。

二つめの流れは、各国政府の認証制度化の動きだ。アメリカでは七〇年代から生産者を中心とするNGOが自主認証事業を立ち上げ、やがて、三〇あまりの州が州法として生産基準を制定するという経緯があり、その後、一九九〇年に連邦有機食品生産法が制定された。しかし、その後、その施行細則についてNOSB（国家有機標準理事会）の諮問を得たり、一般からの意見（パブリック・コメント）を求めたりというプロセスの中で内容が何回か変更されている。一九九九年四月現在、まだ施行待ちの状態である。

EU加盟国では、九一年にEU統一基準が制定され、九三年に（畜産関係など一部を除いて）施行されている。日本では、すでに述べたように、一九九二年に拘束力をともなわない農水省ガイドラインが制定された。一九九九年の通常国会には、次に述べるコーデックス基準によるグローバル・スタンダードとの整合性を考慮した日本での有機の基準と認証システムを定めるための法案が提出された。アメリカの法制度の細目が決まると、世界の食料事情からして、これもまた、ひとつのデファクト・スタンダードになるのであろう。

もうひとつ別の動きは、国連機関を基盤にした国際的標準作りの流れである。FAO（国連食糧農業機関）とWHO（世界保健機関）が合同で設立したCODEX（コーデックス）食品規格委員会の表示部会が一九九〇年以来統一的な有機基準を作成するための話し合いを進めてきた。一九九八年五月には畜産など一部を除いてほぼ合意され、九九年の総会で決議される見通しだ。一五〇以上の国が加盟しているコーデックス委員会は、消費者保護、公正な貿易の確保などのため各国が集まって国際食品規格などを策定し、各国がその規格を採用することを勧奨するという機関で、加盟国に対して拘束力をもたない。しかし、国家間の基準の違いから紛争が起こりWTO（世界貿易機関）に持ち込まれた場合、TBT協定（貿易の技術的障壁に関する協定）などによって、コーデックス基準が紛争解決の規範となる。したがって、コーデックス基準が、実質的には強制力のある世界標準として機能することになる。日本の法制度もこの国際標準に準拠する形で整備されつつある。

以上、三つの道筋をそれぞれ説明したのであるが、これらは互いに独立ではない。それらの関連についてみてみよう。

●認証制度化への流れ

コーデックスが一九九〇年に基準づくりに着手したとき、IFOAMには、すでに、国際的な討論の中から独自の基準を作ってきた一〇年近くの経験があった。したがって、IFOAM基準がコーデックス基準作りの有力な材料になったことは想像にかたくない。また、同じ理由で、IFOAMはEU基準の下敷きにもなったとされている（実際、コーデックス基準とEU基準はよく似ている）。また、IFOAMのメンバーはコーデックス委員会にいろいろな形で関与してきており、それぞれ、積極的に意見を反映させてきた。具体的には、たとえば、政府が認証団体を認定するときに、それを第三者（たとえば、IFOAMの認定プログラム）に委任することができるという項目がコーデックスの中に盛り込まれることになったが、ここにもIFOAMの考え方がうかがえる。

少し横道にそれるが、日本にいると、個人や非公式な団体が政府の委員会や法案作成のプロセスに参画するといっても、役人の用意した資料をほぼそのまま追認するとか、「有識者の意見を聞いた」という口実に利用されるだけという場合が多い。しかし、これは日本のローカル・スタンダードであって、国際舞台のロビー活動や論議プロセスは、それぞれの経験や知識や専門性をぶつけあう、いわば、バトルの場であることが少なくない。

日本の団体である「日本子孫基金」(事務局長小若順一、本部、東京都千代田区)を含む、英・米・日のNPOで構成されているIACFOという国際NPO(会長ブルース・シルバーグレード、本部はアメリカ、ワシントンD・C)は、コーデックス委員会の公式オブザーバーになっている。投票権を持たない以外は、発言の機会など、委員会の公式メンバーである各国政府代表と同等の権利を持つ。ちなみに、日本子孫基金のこの活動に関してのオーガニック担当者はアクシスの高橋信子である。このように、日本のNPOもコーデックス委員会には意見を反映させているのである。

アメリカ政府案に関しては、IFOAMを始めとするNGOメンバーの力がいかんなく発揮された出来事があった。一九九七年の一一月にアメリカ政府が法案の実施細目案を発表し、一般からの意見を聞こうとしたときのことである。遺伝子操作をした食品もオーガニックとするかどうかについてははっきりと決めず、そのことについて、一般の意見が求められた。これに対しては、世界中から、実に、二〇万件にのぼるコメントが寄せられ、その多くが反対意見だったという。日本でもＩＦＯＡＭ加盟団体であるアクシスが事務局になってＳＯＳ（Save Organic Safe）（★1）というホームページを開設し、それを介して日本からも多数の反対意見が送られた。当時のアメリカの農務省長官であるダン・グリックマンは、「国の基準は消費者の信頼を得られなければならない」と言って、実施案を変更する旨のコメントを発表した。その後、一九九八年五月のコーデックス委員会でも遺伝子操作した生産物は有機と表示しないことが決定された。

ＩＦＯＡＭの基準が、ＥＵ基準やコーデックス基準にどの程度直接的に作用したかについては確実にこうとは言えない。ＩＦＯＡＭ関連の資料には「ＩＦＯＡＭの基準がコーデックス委員会の原案になった」と書いてある。東京都の流通協定を提言した委員会はその報告書で「コーデックス委員会の討議における有機農法を規定する栽培方法はＩＦＯＡＭのそれに準じて」いるという表現をしている。いずれにしても、オーガニックを運動体として長年継続してきた中で培ってきたノウハウの蓄積としてのＩＦＯＡＭ基準を無視しては基準作りはできなかったであろう。

そのような事情について、あるＩＦＯＡＭ関係者は次のように言っている。「（ＥＣ／ＥＵやコーデックスでの基準作りにあたった各国の）役人は有機農業について何も知らないし、まして基準を作った経験もない。ＥＣで規則を作るという時も、最初はわれわれからみればとんでもない基準を出してきた。それではいけない、ということで、この分野においては経験豊

★1　http://plaza22.mbn.or.jp/~SOS/

富なＩＦＯＡＭが活発なロビー活動を始めた。」

話を総合すると以下のようになろう。生産者、消費者、ＮＧＯなどの交流から生まれた経験や意見がＩＦＯＡＭに凝縮された。それがひとつのグローバル・スタンダードとなっている。一方で、そのＩＦＯＡＭ基準に影響を受けてオフィシャルに形成されたコーデックスによるグローバル・スタンダードが存在する。ＩＦＯＡＭ基準は、そのメンバーが自発的に遵守することによって信頼性を高めようという、コミュニティ型のツールである。それに対して、コーデックス基準は国際紛争の際には実質上の強制力を持つ。そして、コーデックス基準に整合性をとるべく、ＩＦＯＡＭの動きも反映しながら、ないしそれに牽制されながら、各国の政府による法制度が決まってゆく。

これら三つの流れの相互関連を図式化すると、図7のようになるであろう。


どんな法律でもそうであるが、特に、健康や命に直接かかわる有機食品の認証ということについては、アメリカ農務省長官が言ったように、国民の信頼を得ることが肝心である。世界中のそれぞれのコミュニティから発した声を凝縮したＩＦＯＡＭの基準を反映しているということが、法案の信頼性を高めるのに一役買っているということであろう。

●共同知としての基準

ＩＦＯＡＭについて、少し詳しく説明しておこう。ＩＦＯＡＭ（International Federation of

Organic Agriculture Movements; 国際有機農業運動連盟・本部メキシコ、オアハカ）（★1）は、有機農業運動や有機産業にかかわる民間団体をメンバーとする国際組織で、有機農業の世界的普及を目指している。イギリスの老舗の認証団体であるソイル・アソシエーションなどを創立メンバーとして一九七二年に設立され、一九九九年現在で一〇〇カ国以上からの六八〇ほどの団体が加盟している。すでに述べたようにＩＦＯＡＭでは一九八二年より有機農業や有機食品の加工、取扱いについて、基本標準（Basic Standards）を制定してきたが、現在、その基準は、民間による唯一の国際基準としてひろく支持されている。

ＩＦＯＡＭは、一九九二年に、各国の認証団体を認定するプログラムを始めた。これは、有機認証団体が一定の水準にあるということをＩＦＯＡＭが保証するためのものである。ＩＦＯＡＭ基準は各地の認証団体が基準のモデルとするためのもので、そのまま認証に使われることはない。ＩＦＯＡＭは国際的な認定団体としては世界で唯一のものである。ＩＦＯＡＭに認定された認証団体は一九九七年八月現在で一三である。

ＩＦＯＡＭ基準委員のコーディネーターをしており、自らがロンドン郊外の農場で六〇種類以上の有機野菜を栽培しているジャン・ディーンは一九九八年一二月に来日したときに、基準があることについてこう言っている。生産者にとっては他の人に有機農業の生産方法を説明するのに便利であり、一方、消費者にとっては、有機農業とはどんなものかを理解するのに役立つものだというのだ。つまり、ＩＦＯＡＭ基準は、コミュニケーション・ツールであるということだ。ジャン・ディーンは、また、ＩＦＯＡＭ基準は、いろい

★1 http://ecoweb.dk/ifoam/index.html

ろな基準の最大公約数であり、多彩でありうる有機農業にとって内部的一貫性をもたせるものであるとも語った。

ディーンは、ＩＦＯＡＭ基準を「プロセスであり、最終成果物ではない」と表現したが、実際、基準は二年に一度開かれる総会で改訂される。一九九八年一一月に開かれたアルゼンチンでの総会を例にとろう。総会にさきだって基準の見直しと改訂案の作成をおこなうＩＦＯＡＭ基準委員会では、総会の一年前の九七年一一月に最初の改訂案を加盟メンバーに送付し、コメントを募る。その後、寄せられた意見を反映させながら改訂案の第二稿を作り、それを九八年三月に配布した。加盟メンバーはここでも意見をいう機会が与えられている。五月の基準委員会を経て、七月に配布されたのが総会前の最終稿だ。この最終版

図７

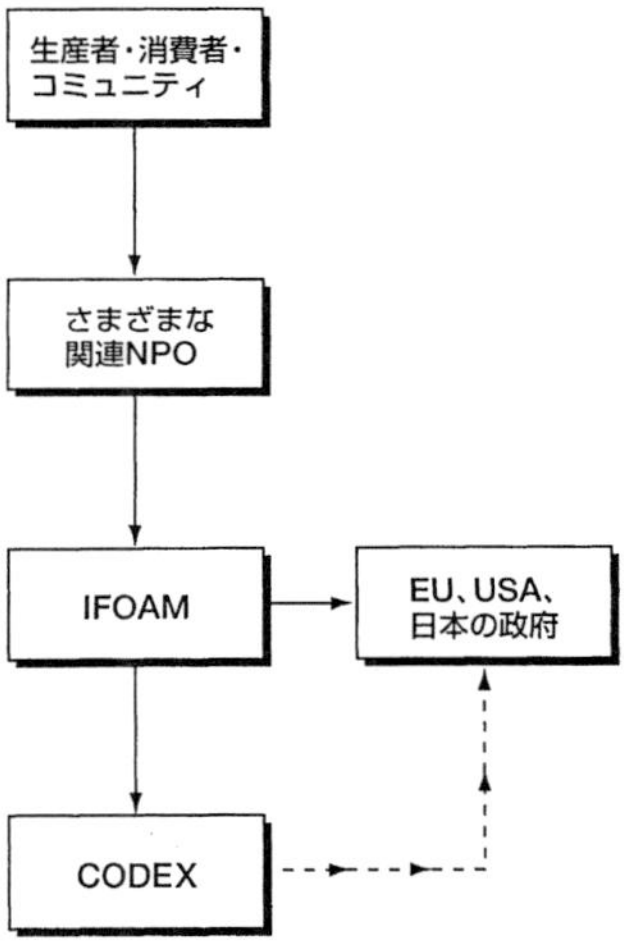

に対して総会で動議を提出する場合は、八月末までに本部に申し出ることになっている。

このようにして、いよいよ総会が開かれるのであるが、基準の変更を実現するプロセスはきわめてオープンである。オルフェウスはリハーサル、リナックスはソフトウェアの共同開発と、それぞれメディアは違うが、どれも、参加者が自分の情報を自発的に持ち寄って情報交換するボランタリーなコモンズを形成している。IFOAMの場合は、メンバーのこのようなインタラクションによって蓄積されるコミュニティの共同知が、IFOAMの基準そのものである。ジャン・ディーンは、IFOAMにとって「基準は共同資源だ」と言っていたが、それは、オルフェウスの音楽であり、リナックスのOSソフトウェアである。

このようなプロセスで実際、加盟メンバーの意向はどのように反映されるのか。一九九七年三月にIFOAMに加盟したアクシスは、今回の規定改訂にあたって、改訂案へのいくつかのコメントをした。そのうちのいくつかは何らかの形で基準案に反映され、採用されなかったものについてはその理由が述べられたという。かなり明確な形でアクシスの提案が採用されたひとつの事例を以下に説明しよう。

IFOAM基準改訂案の第二稿には、「認証プログラムは……非多年性作物の輪作を要件とすること」とある。稲作を連作とみなせば輪作要件からの逸脱だということになる。そう見るかどうかは、これまで、IFOAMに加盟している日本の認証団体を悩ませてきた問題である。アクシスは、アルゼンチンでの総会の機会に次のようなコメントを送った。「水稲の場合、日本における経験からも、輪作をしなくても、適切な管理が行われれば、持続可能な生産が可能。したがって、水稲には輪作要件の例外を認めるべき」というものだ。その結果、IFOAM基準改訂案の最終稿では、当該箇所が「非多年性作物の場合（健康な土壌や病害虫管理のための作物生産における多様性の確保は）、通常、ただし例外はあるが、輪作によって達成される」と改訂された。アクシスからのコメントは、日本やアジアの水田耕作の長い歴史に裏打ちされたものであったのでIFOAM全体が認知し配慮したということだ。

この出来事は、IFOAMの基準改訂プロセスの扉は誰にでも開かれていることのひとつの証拠を提示しているものである。グローバル・スタンダードと聞くと、ほとんどの人は、外から押し付けられたもの、いやいやながら受け入れざるをえないもの、と感じていよう。日本の政治家や官僚も、ともすると、世界標準の存在を黒船として利用する。

この例は、ひとつの、小さな出来事にすぎない。しかし、その意味するものは大きい。先の図で示したとおり、IFOAM基準はコーデックスや各国の法律制度に直接・間接に反映される可能性があるものだ。とすれば、われわれの誰でもが、グローバル・スタンダードにある程度の影響を及ぼすということが可能であるということだ。少なくともその道は開かれているのだ。NGOであるIFOAMの基準は、コミュニティの共同知としてコモンズの参加者それぞれが情報や技術や体験を基にした貢献をすることで、全員の共同資源になるというものなのだ。

●森林認証とは何か

ＮＧＯによるグローバル・スタンダードが作られているのは、有機農産物の分野だけではない。森林認証についても同様の動きがある。

森林保全については、国際条約によるもののような公式なアプローチより、むしろ、自発的な行動に基づく認証などによる強制力のないアプローチのほうが効果があがるかもしれない。その背景については、すでに、第二章で述べた。この分野では、ドイツに本部を置くＦＳＣ（Forestry Stewardship Council; 森林管理協議会）（★1）が、有機認証におけるＩＦＯＡＭの役割を担っている。

一九九三年に設立され、現在では四五カ国、二八〇余機関がメンバーになっているＦＳＣはＩＦＯＡＭと同じように各国の森林認証団体を認定する国際ＮＧＯである。ＦＳＣが認定した団体はこれまで六つである。ＦＳＣの作った森林認証の基準（「森林管理に関するＦＳＣの原則と基準」）は、この分野では世界唯一のもので広く認められたデファクト・スタンダードである。ＩＦＯＡＭの場合と違うのは、森林認証に関しては、まだ、各国政府による法制度もないし、国連機関による基準も存在しないということである。したがって、少なくとも今のところは、ＦＳＣの基準が唯一のグローバル・スタンダードである。

★1　http://www.fscoax.org/

FSCは、環境保全という観点からみて適切で、社会的な利益にかない、経済的にも持続可能な管理を実施している森林を支援することを目的としている。FSCの基本的考え方を簡単にいうならこうなる。森林はきちんと管理されたうえで適切に伐採され、経済的にも持続可能な状況を作り出すことを目指すべきだというものだ。現実的な考え方である。

FSCの基準に適合すると認められた「よく管理された森林」から生産される木材には、FSCラベルが貼られる。FSC認証はここ数年で急速に普及しており、認証を受けた森林面積は、九七年一二月で五〇〇〇万ヘクタール、九八年四月で七〇〇〇万ヘクタール、そして、九八年六月には一〇〇〇万ヘクタールを越えた。これは二五カ国、一一五カ所にわたるものである。認証された森林は、数ヘクタールのものから一〇〇〇万ヘクタール以上のものがあり、その種類も、コミュニティ・フォレスト、民有林、王室に所属する

国際NGOによる森林認証のグローバル・スタンダードを象徴するFSCのロゴ

ものから国有林までと幅広い。一九九九年四月現在、日本ではまだＦＳＣ認証された森林はない(8)。

アクシスが認証協議会を作った理由が不当表示の問題であったように、ＦＳＣラベリングも、不適切なエコマークが氾濫していたという背景がある。ＷＷＦ（世界自然保護基金）の調査によると、木材・紙製品につけられた八〇のラベルのうち、裏付けがはっきりしていたものは、わずか三つであった。

ＦＳＣとよく対比されるのが、ＩＳＯ（国際標準化機構）１４０００シリーズによる環境マネジメントの認証である。ＦＳＣ認証とＩＳＯ認証は互いに補完しあう関係にあるが、ここではＩＳＯ標準については触れない(9)。

ＦＳＣの特徴は、利害の対立する可能性のある関係者が集い、森林管理の具体的基準を設定し、それを第三者が認証するという仕組みを作ろうというところにある。つまり、ＦＳＣは、環境や社会という側面だけではなく、市場におけるインセンティブも視野に入れている。このＦＳＣの特徴をよく表わすのがバイヤーズ・グループの存在である。ＦＳＣ認証された森林から産出した林産物のみを扱うことを公に表明した企業のグループのことである。現在、イギリスで九〇社以上のバイヤーズ・グループに属す企業があり、それら企業の取扱い量は、イギリスにおける木材・木材製品の総消費量の約一五％のシェアをしめている。つまり、バイヤーズ・グループの市場における影響力はすでにかなり大きいということだ。そのほか、オランダ、ベルギー、オーストラリア、ドイツ、スイス、スペイ

(8) 高知県の四万十川流域の森林がFSC認証を受けるための準備をしているという新聞報道をみかけた。

(9) 任意規格を設定して国際取引を円滑にするのが目的のISOは、紙や写真フィルムのサイズなどについての規格、認証機関についてのガイダンス、品質マネジメントと14000シリーズである環境マネジメントを扱っている。ISO14001は、企業や行政組織の活動の環境負荷を少なくするよう継続的に改善するための方向性を示した枠組みである。

ン、アメリカなどの国でバイヤーズ・グループが存在している。

FSCの問題点としてよく指摘されるのは、認証された木材が認証されていない同様のものよりも値段が高い場合、消費者にとってそれだけの見返りがあるかということ、および、植林を認証すると、天然林を植林へと転換させるインセンティブにならないかということ、などである。

FSCの基準は約四年かけて策定された。その過程では、一〇〇〇人にのぼる先住民、森林業者、研究者などに途中結果を配布し、広く意見を求めた。その間、生産者と加工業者の間の利害を調整し、また、開発と保全のバランスをどうとるか苦心をしたという。ここでも、IFOAMの基準の改訂作業によく似た情報共有と開示のプロセスが踏まれている。FSCの意思決定の方法も、利害調整や公平性を重んじたものになっている。九人いる理事のうち、二人は経済的利益を代表する人で、そのほかの七人は社会、先住民、環境の各分野の利益を代表する人が選ばれることになっている。また、会員は経済、社会、環境という三つのグループに分かれ、各グループがその構成員の数にかかわらず平等な投票権をもつ。さらに、各グループの中で、北世界と南世界の出身者に同じ投票権がある。ちなみに、現在の会員の内訳は、四二%が「環境」、四〇%が「経済」、一八%が「社会」グループに属し、全体の六九%が先進国の、三一%が発展途上国の出身者である。

強制力や経済的ないし政治的権力で問題を解決するのが難しくなっているインターネット社会においては、ライセンス、認証、ラベリングなど、自発的な参加と自生したルールの遵守によってできるコミュニティをベースにした問題解決が重要になる。それはコミュニティ・ソリューションの基盤である。

しかし、強制力や権限に裏打ちされないコモンズでは、参加者の間で相互信頼性が育たなければ事はうまく運ばない。FSCの紹介パンフレットには、「組織と体制を系統立て、認証にあたっての明確なガイドラインとさまざまな関係者によって合意された森林管理基準とを備えることで、独立した認証機関による認証作業を信頼性の高いものにしている」(傍点は著者)と述べられている。

FSCでは、このようなルールとロールとツールを保証することで、権限による裏打ちのないコモンズの信頼性を創出しているのである。情報をオープンにし、共有し、経験と知恵をコミュニティの共同知として蓄積し全員の共有資源にすることで、参加者各自が目に見える具体的な成果を手に入れられるようにする。このメカニズムは、さきほど説明したIFOAM基準作りのプロセスにおけるそれと原則的に同じである。そして、それは、本書の冒頭で紹介した、オルフェウスやフリーソフト/オープンソースのプロセスとも本質的には共通点を持つものである。

3 相互与信システム作りに向けて

ビジネスとしてみたとき、有機食品のマーケットはどのくらいの規模があるのだろうか。世界的には、オーガニック認証品の市場規模は、だいたい、全世界＝一兆二〇〇〇億円、アメリカ＝五〇〇〇億円、ドイツ＝三五〇〇億円、フランス＝七〇〇億円、イギリス＝五五〇億円のようになっているといわれている(10)。

また世界的にオーガニック市場は急速に拡大してきた。アメリカを例にとれば（一ドル＝一二〇円の換算で）一九八〇年＝二〇〇億円、一九九〇年＝一二〇〇億円、一九九八年＝五〇〇〇億円というように成長しており、今後も年率二〇％程度で成長するだろうといわれている。ヨーロッパ市場の伸びも年率三〇％程度（ＥＵ統計）であるといわれる。

日本の市場規模を予想するのは難しい。今のところ何をもって「有機」とするのかについてきちんと決まっていないし、農水省ガイドラインによる表示は任意である。おおよそのところで七〇〇億〜八〇〇億円程度ではないかという推定がある(11)。国内生産分は、一〇％を下回っているであろうというのが目安らしい。規模としてはイギリスやフランスと同じ程度ということになるが、人口やＧＤＰ（国内総生産）を考えれば、潜在的な需要はアメリカの半分程度あってもおかしくない。だとすれば、今後の成長が期待される。日本経済新聞は、昨年食品業界でもっとも成長したのがオーガニックでその成長率は七％であ

(10) これらの推定値は『オーガニック認証システムと検査方法』、日本オーガニック＆ナチュラルフーズ協会、一九九九年三月による。
(11) 前掲書

ったと報じた(12)。

ちなみに、日本におけるマイクロソフトの売上げが年間で一五〇〇億円、日本ＩＢＭもだいたい同じ程度である。現状で日本のオーガニック市場はマイクロソフトや日本ＩＢＭの売上げの半分程度の規模がすでにあり、もしオーガニック市場が毎年一〇％で伸びれば、六年後には現在のマイクロソフトや日本ＩＢＭと同じくらいの規模になることが想定される。

つまり、日本のオーガニック食品市場は、かなり有望なビジネスの対象である。

前節で、グローバル・スタンダードは、実は、われわれの手の届くところにあるという話をした。しかし、それはＩＦＯＡＭやＦＳＣなどのＮＧＯがオープンな形で基準を作成しているというケースである。国と国の利害が鋭く対立する貿易の分野では、グローバル・スタンダードは経済的国策や覇権と直接結びついているグローバル競争のツールである。

私は有機農業についてはまったくの素人であるが、グローバル・スタンダードは「黒船到来」と割り切っていいのではないかと思う。前節で引用したＩＦＯＡＭ基準委員コーディネーターのジャン・ディーンは、基準を作ることはプロセスであり最終成果物ではない、

(12) 一九九七年に宮城県で行われた調査によれば、日本の消費者はかなり意欲的で、有機食品への関心が「大いにある」と「少しはある」を合わせると九五％になり、三〜四年前に比べて購入量が増えているという人が五五％である。

基準はひとつのコミュニケーション・ツールだと言っているが、その考え方には賛同できる。ロンドン郊外に農場をもつ生産者のひとりでもあるディーンは、また、基準といっても有機農産物であるので、工業規格と一緒にはできないという。その底流には、理念なり哲学があり、エコロジーに対する思い入れがあり、それらを実現する実践手段を持たなければならない。そのために役に立つひとつの表現とコミュニケーションのツールとして基準があるのだと言う彼女の主張は説得力がある。

グローバル・スタンダードは、たしかに、国や企業の戦略に利用されることもある。しかし、ＩＦＯＡＭ、ＥＵ、コーデックスという基準作りの流れをみると、ローカル・スタンダードであろうとグローバル・スタンダードであろうと、「有機」の基本は変わらないということだ。有機は有機である。

日本農業の現状を考えて「減農薬」「減化学肥料」などの「特別栽培農産物」という分類を今後も残すことの政策的妥当性は、それがどんな結果をもたらすかによって評価が下されるべきものである。それはそれとして、つまり、政策的課題として扱うべきであり、有機は有機であるという事実と国際的な合意事項は、事実として、現実として、きちんと認識し、伝えられなくてはならない。そのうえで、アクシスがＩＦＯＡＭ基準の改訂時に実践したように、国際的に受け入れられる経験と根拠のある事柄は十分にアピールしてゆけばいいのである。

これまで、世界標準は、政治のご都合主義と政策不在の隠れ蓑にされてきたきらいがある。一方で、行政関係者だけでなく、生産・流通・消費にかかわる現場サイドも、それぞれが都合のいいように「有機」という言葉を使い分けてきたのではないだろうか。そのような曖昧さは、結局は、土地の保全や人々の安全ということは考慮しない、単なるビジネスとしてのオーガニック産業が席巻するのを許してしまうことにつながるのではないかと思う。

有機農業がビジネス化するのは、望ましいか望ましくないかは別として、時の必然であり、日本が高温多湿であろうとなかろうと、農地が小規模であろうとなかろうと、グローバル・スタンダードが世界を覆うことに変わりがない。そのときに、自分たちだけが世界的なコミュニケーションとパワーゲームの場に背を向けていてはどうしようもない。有機農業のIFOAMや森林認証のFSCが設置している世界規模のボランタリー・コモンズに積極的に参加し、日本の技術や伝統や体験にともなう貢献をするというアプローチが必要であろう。

これまで、有機農産物の認証システムについていろいろ考えてきたが、以下では、有機からちょっと距離をおいて、より一般的な社会システムという視点から本章の、そして、本書全体の議論を振り返ってみたい。

インターネット社会においては、権限と強制力に裏打ちされたソリューションが効力を発揮する範囲がしだいに限定され、自生するルールに基づく自発的なソリューションがいくつかの分野で効果的になってくる。そのような流れの進展の一環として、リナックスやその他のフリーソフト／オープンソースのソフトウェア開発や地域高齢者ケアやＮＧＯによる基準と認証システム作りがある。権限と強制力はけしからんという、好みや倫理の問題ではない。インターネット社会の新しい関係性はそのようなものの有効性を低めているのだ。コミュニティ・ソリューションは、それに対処するための現実的なアプローチのひとつである。

有機農業における基準や認証システムは、フリーソフト／オープンソースの共同開発におけるライセンスがちょうどそうであったように、それ自体が目的なのではない。コモンズに参加するメンバーそれぞれの持ち味と力を発揮させ、それぞれが互いに尊重し合う社会を作るためのコミュニケーションのツールである。権限と強制力に基づかないで信用を作り出すコモンズによる試行錯誤のプロセスである。

本章で紹介してきた有機農産物の認証システムの例では、もともとボランタリーにできてきたルールが強制力をもつ国際標準や各国政府の法制度に影響を与えながら並存することになった。グローバル・スタンダードや政府・国際機関による強制力をともなった制度にも十分に目を配りながら、市場にすべてを委ねるのではないコミュニティ・ソリューションをどう実現して行くかが課題である。

このような問題を考えるにあたっては、第一章で指摘した次の視点をとることが大事になる。つまり、

信用とは情報の情報である

ということだ。このように、信用はメタ情報であるから、場合によっては、第一章で述べたように、政府や大企業より、むしろ、NPOのほうが信用を扱うのに適しているということもありうるのだ。

IFOAM基準に代表される基準はコミュニケーションのツールである。基準や認証の目的は「いいかわるいか」を言い渡すことではなく、ともに学び育てることである。商品としての付加価値をつけることが第一の目的ではなく、環境保全を目指し、安全な食べ物が提供される仕組みをつくることで、生産者、加工業者、消費者のすべてにとってよりよい状態を作り出すことが目的だ。もちろん、その結果として商品的付加価値がつけば、生産者にとってのひとつの具体的なメリットとして、全体のスキームの説得力が増すことになる。そのようないいサイクルを回すためのコミュニティの共同知としての共有財産が基準であり認証システムであると考えられる。

このような仕組みの信憑性は、政府の権威や企業による経済的な保証なしに、どのようにしてつけられるものであろうか。すでに説明した、IFOAMやFSCの基準作成プロセスが参考になる。それは、有機認証や森林認証にとどまらず、われわれが本書でボランタリーなコモンズと言っているもの一般に適用できるものである。それは、利害が必ずしも一致しない多様なメンバーが、情報をもちより、共有し、問題解決の体験をソーシャル・キャピタルとして蓄積することで、コミュニティのメンバーが相互に信用を与え合う、相互与信システムを作るプロセスを実現し実践することである。

第五章

ヒューマンサービスとコミュニティ・ソリューション

1 介護保険によって出現した四兆円「市場」

●コミュニティ・ソリューションの得意分野

コミュニティ・ソリューションはすべての社会問題の特効薬ではない。コミュニティ・ソリューションには、おのずと、得意分野がある。得意分野の主要なものがヒューマンサービスである。

ヒューマンサービスとは、保育、介護、医療、教育、相談など、人の傷つきやすい部分に直接かかわるもの（サービスが「不可逆的」なもの）で、対面での提供が中心となるサービス分野を総称したものである(1)。ヒューマンサービスが効果的に提供されるには、提供者と受益者の間に自発的なやりとりがあり、相互的な信頼関係が成立していることが重要である(2)。

そのような特性があるので、ヒューマンサービスは、ともすれば一方向的になりがちな行政や企業によるサービス提供よりも、第二章で指摘したシェアウェアやユーザースグループ型、ないし、第三章で言及した結・講・座をプロトタイプとするような、サービス提供者と利用者がコミュニティを形成する形でのサービス提供が効果的だと考えられる。

ヒューマンサービスが人々の生活に密着した重要なものであることは言うまでもない。ヒューマンサービスの重要性は、しかし、それだけではない。日本では不況が長引き、行

(1) カリン・エリクソンは、その著書『ヒューマン・サービス』（豊原康次郎訳、誠信書房、一九八二年）において、福祉、健康、医療、精神衛生、教育、家庭援助、児童擁護、職業的リハビリテーション、地域社会のサービス、法律相談などを「ヒューマンサービス」と総称した。本書ではそれを基にしている。

(2) 宮垣元「ヒューマンサービスにおける相互信頼モデルの可能性とその実態—情報の共有構造（コモンズ）型信頼への経済社会学的アプローチ」、慶応義塾大学政策・メディア研究科博士論文、二〇〇二年一月。

く先が見えない時代になっている。また、戦後の日本経済を引っ張ってきた家電とか自動車といった、今後の日本経済を牽引するような新しい産業が突如誕生することはなかなか望めそうにない。そんな中で、最近は、新しい「産業」として、また、雇用の受け皿として、保育や介護や教育、つまりヒューマンサービス分野が注目されている。

ヒューマンサービスはどの位の経済規模をもっているのであろうか。ヒューマンサービスというのはインフォーマルな括り方であり公式な統計が存在しないので正確には分からない。『ボランタリー経済の誕生』(3)で示されたラフな試算によると、一九九四年のヒューマンサービス関連の事業収入は、低く見積もって一〇〇兆円である。これがヒューマンサービスの（潜在的な）経済規模である。それを一九八四年の同様の推計値に比べると、一〇年間で二七％増加していることが分かる(2)。つまり、ヒューマンサービスは巨大な経済規模をもっているとともに、成長分野でもあるのだ。

戦後からこれまでの日本社会では、ヒューマンサービスは政府・行政が一元的に管理すべきものと考えられてきた。たとえば、高齢者介護は特別養護老人ホームが、保育は認可保育所が、それぞれ、政府の措置という形をとって中心的にサービスを提供してきた。しかし、近年になって、ニーズの多様化、少子・高齢化や女性の社会進出という社会構造の変化、公的サービスの非効率性、政府財政の逼迫などの社会的・財政的背景から、一部規制緩和が実施され、行政の施策にもいくらかのイノベーションが行われるようになり、その結果、民間参入の余地がでてきた。

(3) 金子、松岡、下河辺ら『ボランタリー経済の誕生』、実業之日本社（前掲書）。

ヒューマンサービスは、しかし、完全に市場と企業に任せればいいということにはならない。まず、それらのサービスにおいては、一定の機会均等性が求められる。つまり、ニーズのある人はだれでも、どこに住んでいても一定程度のサービスを受けられることが必要だと考えられている。また、ヒューマンサービスは情報の非対称性が強く（つまり、サービスの提供者が持っている専門的情報を利用者が持っていないというギャップがある）、また、不可逆性が強い（悪いサービスを受けたら取りかえしがつかない）サービス分野であるので、利用者が不利を被らないように政府がある程度関与して質の保証をする必要がある。つまり、ヒューマンサービスは「市場の失敗」をもたらす要因を持っているので、ある程度の政府の関与や規制が必要とされるのである。

そこで、政府が一定の枠組みを作った上で、ヒューマンサービス提供者として営利企業だけでなく、ＮＰＯや地域ボランティアなどが一定の役割を果たすことに期待が寄せられるようになってきたのだ。コミュニティ・ソリューションが働く素地ができてきたということである。本書で取り上げた、禁煙マラソン、ケアセンター成瀬、ライフケアシステムなどは、いずれも、ヒューマンサービスの提供がコミュニティ・ソリューションというアプローチでうまくいっている事例である。以下では、この数年の動きのうち、高齢者介護、保育、教育という三つの分野でのコミュニティ・ソリューションに関する最新の事例を紹介する（4）。

（4）本節の事例と次節の事例は、それぞれ、松村江美子「介護分野における事業型ＮＰＯの役割」と、小林真咲「地域におけるマッチング型保育サービスの現状と展望」を基にした。いずれも慶応義塾大学政策・メディア研究科二〇〇一年度修士論文である。

●四兆円市場の誕生

二〇〇〇年四月に始まった介護保険制度によって介護サービス分野に（ある程度の）市場原理が導入され、いわば突然のごとく「四兆円市場」が出現した。実際、厚生省（当時）の試算によると、「公的介護保険市場」は、二〇〇〇年で四・三兆円、二〇〇五年で五・五兆円、二〇一〇年で六・九兆円規模になると見込まれている。新たな活動の場を求めて多くの民間事業者がこの市場へ参入した。新規参入した事業主体としては、企業の他にも、生協、地域ベースのNPOなどいろいろあるが、一年半ほど経過した段階で全体を眺めると、どうも、企業は苦戦しているのに対して、それとは対照的な存在である小規模な住民参加型NPOが、全体の中でのシェアは小さいながら元気なようである(5)。どうしてこのようなことが起こっているのだろうか、以下でその事情を説明しよう。

従来の福祉サービスは、提供するサービスを行政が決め、また、提供主体も公的機関ないし公的機関から委託されたものに限定されていた。介護保険は、（ある程度の）競争原理の導入によって、非効率性を排し、利用者本位のサービス提供を促進しようという狙いを持ったものである。その背景には、高齢化・少子化・女性の社会進出などによる家族介護機能の低下や財政問題がある。特に、高齢者医療費の急増が医療保険財政を圧迫する中で、介護保険は、介護費用をコントロールしつつ、それを高齢者医療から切り離すことを可能にするものとして登場してきたのだ。

介護保険が純粋な意味での「市場」ならば、そこでの主なプレーヤーは企業ということ

（5）介護サービスを提供する企業のうち二〇〇〇年度に単年度黒字を達成できたのは一七・三％であり、二〇〇一年度に入ってもおよそ半数の企業が単月ベースで採算割れの状態にある。住民参加型NPOの業績についてはデータが十分にないが、市民互助団体全国協議会とさわやか福祉財団による、介護保険が開始されてから一年後の全国調査によれば、回答した八三の事業型NPOのうち、介護保険事業が「拡大している」が六三団体、「変化なし」が一七団体、「規模縮小、一部ないし全面撤退」はゼロだった。

になるであろう。しかし、ヒューマンサービスの場合、先に指摘したように、マーケットに任せるだけではうまく行かない。実際、介護保険市場における営利企業のシェアはそれほど大きいものではなく、その他は、社会福祉協議会やその他の社会福祉法人、医療法人、生協・農協、それに、住民参加型ＮＰＯなどの非営利団体が担っている。図8にその様子を概略してある。ここで各事業主体の大きさは、大ざっぱにいって相対的勢力を表している。

従来から多くの地域ボランティア・グループが高齢者ケアの分野で活動してきた。その中で、介護保険導入後、自治体の指定を受けて介護ビジネスに参入するものと、指定を受けずに従来からのボランティア活動を続けるものと、ほぼ半々の割合で分かれた。ただし、事業を始める団体でも、無償・有償のボランティア活動を継続するものが多い。われわれは、事業者指定を受けて介護保険市場に参入したもの、とくに、訪問介護を中心として活動している住民参加型ＮＰＯに焦点をあてる（以下ではそれらを「事業型ＮＰＯ」と呼ぶことにする）。

公的保険制度によって介護ビジネスが始まったのだが、それによって出現した市場は、純粋な「市場」にはないいろいろな制約がついた「不完全」なものになっている。まず、利用者はサービス提供者については自由に選択できるのであるが、どんなサービスを受けられるかは要介護認定という公的手順で定められる。介護サービスが必要ないとされれば保険給付は受けられない。また、サービス単価も、受けられる給付総額も決まっている(6)。

(6) 個々の介護保険給付サービスの上限単価(＝介護報酬)が決まっている。例えば訪問介護の場合、三〇分以上一時間未満の報酬単価は、家事援助中心で一五三〇円、身体介護中心で四〇二〇円、複合型で二七八〇円となっている。個々の利用者が給付を受けられる利用限度額は、それぞれ、要支援で六万一五五五円、要介護度1で一六万五八〇〇円、要介護度2で一九万四八〇〇円、要介護度3で二六万七五〇〇円、要介護度4で三〇万六〇〇〇円、要介護度5で三五万八三〇〇円である。

さらに、サービス内容もかなり細かく決められている。例えば、訪問介護の家事援助サービスの場合、利用者が使う居室以外の掃除、来客へのお茶・食事の手配、草むしり、花木の水やり、犬の散歩、家具や電気器具の移動、窓ガラス磨き・床のワックスがけ、家屋の

図８　公的介護保険市場のプレーヤー構成

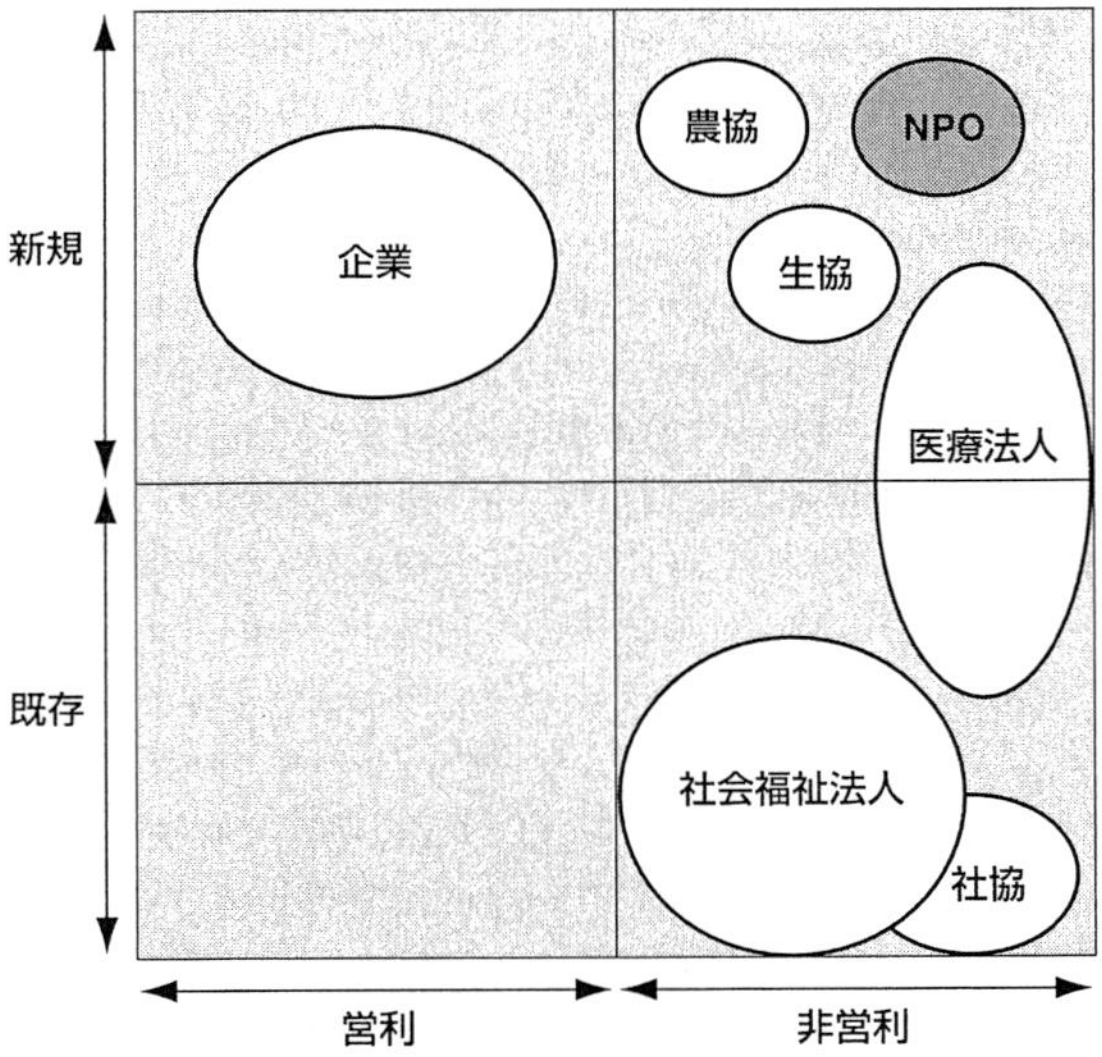

社協（社会福祉協議会）は社会福祉法人であるが別個に記載した。医療法人は、従来から医療保険の範囲で行っていたサービスが一部介護保険適用となったため「新規」と「既存」にまたがっている。

修理・ペンキ塗りなどは認められない。

企業による通常のサービス提供の場合であれば、各企業は頭をひねってより魅力的で独自性のあるサービスメニューを考え、他社のサービスより安く提供できるスキームを考え出すか、他社製品にはない付加価値をつけることでより高い値段で購入してもらおうと努力するであろう。新しいサービスや高付加価値サービスを開発するためには、それだけ優秀な（＝それだけ給与の高い）社員を雇用したり、設備投資をしたりするだろう。しかし、それにはそれに見合うリターンが期待できなければならない。公的介護保険によって登場した「市場」は、市場とはいっても、企業にとっては、企業らしく活動することにとってかなり本質的な部分が制限された競争の場である。その制限があるということが、実は、企業よりＮＰＯの方に有利な状況をもたらしているのである。

●事業型NPOの実態

事業型ＮＰＯについては、いまのところ、全国規模の調査結果がほとんどなくその全体像は把握できていない。松村(4)は九州地域を中心に念入りな聞き取り調査をしたが、以下ではその調査で判明した事業型ＮＰＯの実態を概観しよう。

介護保険がスタートしてみて多くの企業にとって誤算だったのは、介護保険給付の限度額がかなり低く設定されており、限度を超えたら全額個人負担になることや、利用にあたっては一割の本人負担があることから、高額の「身体介護」が敬遠され、低額の「家事援助」サービスが多く選択されたということだ。企業の中には、単価が安い家事援助サービスに関する契約は拒否するとか、事業型ＮＰＯへ委託するものも多く見受けられる。その分、事業型ＮＰＯに回ってくる仕事が増えることになった。

一方で、事業型ＮＰＯにしてみれば、それまで有償ボランティアとして家事援助などを行っていた時に比べると、介護保険導入後は、いくつかの面で楽になった。まず、介護事業指定を受けている事業者から派遣された介護者は有資格者であることが定められているので、その点、利用者により安心してもらえるようになった。実際の「実入り」も増えた。同じような家事援助をしても、有償ボランティアのときは八〇〇円程度の報酬であったのが、介護保険によってその額が一五三〇円に増加した。そのうち、オーバーヘッドとして納入するのが、以前は一〇〇円程度であったのが、今は五三〇円程度になった分、ＮＰＯとしても事務所維持経費が潤沢になった。

もともと、企業に比べて、よくも悪くも、ＮＰＯは低コスト体質を持っている。多くのヘルパーは仕事というより「助け合い」の機会という意識で働いている。あるヘルパーは、「訪問介護なんていう仕事はボランティアの気持ちがない人は絶対せん。……（そうでなければ）スーパーでレジでも叩いておく方がよっぽどいい」と述べている。また、事務所がＮＰＯ代表の家の中にあったり、篤志家に提供してもらったもので家賃がかからない場合も少なくない。また、ＮＰＯの場合、顧客は主に口コミで広がるので広告・宣伝にコストをかける必要がない。同様にして、ヘルパーも大々的に募集することなく口コミや友達の紹介で集まるという。

事業型ＮＰＯがもっている本質的な優位性は、しかし、経済的なものというより、むしろ、多様性であるのではないかと思われる。企業が決められた介護保険該当サービスしか提供できない宿命を負っているのに比べて、ＮＰＯはその本来の在り方からして、保険適用外の多様なサービスに対応できる柔軟性を備えているということである。

あるヘルパーは「家事援助で行くと、半分くらいは利用者の方《かた》が寂しいからというのが実際多い。保険のなかには話し相手というのは書いていないから……」と言っている。介護保険が適用されないちょっとした仕事をしてもらうことが、実は、利用者のＱＯＬ（生活の質）の維持に重要な意味をもっている場合も少なくない。保険適用外のものや上限額を超えた分は全額本人負担になるから、企業の営利活動としてペイするような値段を設定したのでは成立しない。ＮＰＯメンバーの多くはそれまで無償ないし有償のボランティア活動をやってきた人たちなので、利用者のそのようなニーズに「たすけあい活動」「ふれあい活動」の一環として無理なく応えられる。

企業活動として成り立たない低額の家事援助サービスだけでは、事業型ＮＰＯも経営的にやってゆくのは難しいであろう。実際、ヘルパーからは「報酬が少なすぎて生活のベースにならない」という声が多いという。しかし、他方で、事業型ＮＰＯにおけるヘルパーには、職業として介護の仕事に携わり、生活資金を得ようとする人はほとんど見られないのが実情だという。

事業型ＮＰＯは、年収を扶養家族として申告できる範囲内として働きたい主婦や大学生にとって都合のいい就労の受け皿になっている。また、ヘルパー資格のない専業主婦や、資格取得に実務経験が必要となる介護福祉士やケアマネージャー等の受験資格に満たない新卒者などに対するトレーニングセンターとしての役割を果たす可能性もある。さらに、企業には雇用されにくい定年退職後の高齢者などにとっても活躍の場となりうるのがＮＰＯである。以下は、企業をリストラされた人が会社員時代の人事・労務の経験を買われ、都市部にある広域型で比較的大規模な事業型ＮＰＯである「Ｄ」に採用された事例の報告である。

自家用車持込ドライバー、Ｙさん。三年前の夏、代表と同窓会で高校卒業以来約四〇年振りの再開。その一年前に奥さんをガンで亡くし、後の一年間、しっかりお金を使って遊んで過ごす。ふと気が付いて「これではいけない」と何か仕事をしたいと探してみたが、リタイア組にはなかなか見つからない。Ｄの存在を知って事務所を訪ねてきたが、送迎の仕組みを聞いて「そんなにお金にならない仕事はしない」と一度は帰ってしまった。ところがやはり、毎日時間は余る。再度Ｄを訪ね「ドライバーします」ということで、送迎ドライバーとなった。現場に入るヘルパーさんとふれあい、利用者の通院などの介助と移送で皆さんから感謝され、本人はとても嬉しいとのこと。介護は奥さんを五年間看ていたことでプロ並みの腕。自分の車で自分が社会に役立つことを実感したのだ。それからは新しい目標を立てた。つまらない遊びにお金を使わなくなった分を預金して、車がダメになったら利用者を乗せやすい車に買い替えようというのだ。そして三年。この夏、その新車を購入。ドライバーとしての誇りを持って自分の車で毎日いきいきと送迎活動をしている。七〇歳まではやっていきたい、リタイア後の人生に生きがいを追って走っている。

事業型ＮＰＯの優位性やメリットを指摘してきたが、それらは裏を返せば、ＮＰＯであることによるデメリットや問題点になっている場合も多い。企業では雇用されにくいスタッフがいるということは、それだけ専門性に欠けるということであろう。また、スタッフの受け入れに柔軟だということで、働ける時間帯や曜日に制限があってサービス提供に支障がでる場合も出てこよう。また、もともと「金儲け」に関心が低いということは、仕事としてのコミットメントが低いということになりかねない。組織としても、なかよしクラブ的雰囲気の中で経営的な弱さがあったり、組織の継続性を保証するマネジメントの発想に欠ける場合もあるだろう。これらの課題については、ＮＰＯ同士の情報交換を密にして互いの経験から学ぶことや、「アンブレラ組織」に加入して、研修を受けたり、法律や経理の専門家のアドバイスをもらったりするという方策が考えられる。

たくさんの課題を抱えた事業型ＮＰＯであるが、それらが、単なるサービス提供者としてでなく、もっと包括的な地域のニーズを満たすという役割を果たす可能性があるということが重要なポイントである。多様な介護ニーズに対応しつつ、一方では、多様な就労ニーズの受け皿にもなりうること、サービス提供者と利用者の相互性の中から地域における潜在的ニーズを発掘する可能性を秘めていること、そして、介護サービスだけでないさまざまな地域活動の拠点になりうることなどが分かった。端的にいえば、事業型NPOの活動を推進することによって、地域の力……第三章で出てきた用語を使うなら「地域のソーシャル・キャピタル」……を涵養することにつながるということである。

2　地域マッチング型保育と地域の「保育力」

●注目される新しい形の保育サービス

保育ニーズの多様化にどう対応するかが近年大きな課題となっている。行政の措置制度を通じてサービスを提供するというアプローチに限界がきていることは前節の高齢者介護のところで述べたとおりだ。また、その社会的・財政的背景も、少子・高齢化、核家族化、生活スタイルの多様化、女性の社会進出、就労形態の多様化など同様である。

一方、前節でヒューマンサービス一般について指摘したように、保育についても、完全な市場原理ではうまくゆかない要素がある。特に、ヒューマンサービスの特性として、情報の非対称性や不可逆性が強いために、公的な「お墨付」がない営利サービスだと、利用者にとっては品質や安全面に不安感が生じる。そのために「育児サービスは全面的に民営化せよ」という議論が必ずしも支持されないのである。

戦後一貫して保育システムの中心であったのが認可保育所である。全国で二万二〇〇〇余設置されており、近年、多少増設されている。それでも、いわゆる「待機児童」が数万人いると言われている。一方、認可保育所では十分に満たされないニーズとしてよく表明されるのは、「親が病気になったなどの緊急時」「週末や休日」「早朝・夜間」「コンサートやスポーツに行く時」「子どもが病気の時」にも預かって欲しいなどである。

これまで認可保育所を補完してきたのが、認可外保育施設とベビーシッター業という、営利企業によるサービスである。厚生白書によれば平成九年時点での就学前児童数は約七八〇万人で、そのうち一六四万人が認可保育所、二三万人が認可外保育施設を利用しているという。認可外保育施設のうち一般の利用者が多く利用するのがいわゆるベビーホテルである。ベビーホテルは一九八〇年代頃から本格的に登場したとされ、全国で八〇〇ヵ所程度あり、その数は一〇年間で二倍に増えているという。一方、一九三六年に第一号ができたといわれるベビーシッターサービスの事業者数は増加傾向にあり、現在七〇〇程度あるといわれる。しかし、廃業も多く、実態は十分に把握されていない。ベビーホテルもベビーシッター業も、企業活動として、認可保育所と比べて、より高い料金をとることで、よりフレキシブルな保育時間やメニューを用意するというオプションを提供しているわけであるが、利用者にとっては、右で指摘した品質や安全性についての不安がある。

以下でわれわれが焦点を当てるのは、地域マッチング型の保育への新しいアプローチとして注目されつつあるファミリー・サポート・センター事業である。地域の中で保育サービスを受けたい人と子育ての手伝いをしたい人を個別にマッチングするという試みだ。ファミリー・サポート・センターは、一九九四年から始まった厚生省（当時）の事業で、実際の運用は都道府県を通じて市町村によって実施される。二〇〇一年度予算は三六億円で、これは厚生労働省の保育所運営予算の一〇〇分の一程度に過ぎないが、前年度から五倍に増えた。センター設置数も、二〇〇〇年四月時点で七六カ所、二〇〇一年五月時点で一二七ヵ所となっており、今後は六七三カ所での設置が見込まれているという。ファミリー・サポート・センターは行政による公的事業であるが、その運営や展開については、第一節でみた介護保険事業型ＮＰＯと同様のパターンのコミュニティ・ソリューションが機能する素地がある。その意味で、われわれにとって、興味深い検討対象なのである。

整理のために、ファミリー・サポート・センターを含めて、これまで出てきた四つの代表的な保育サービスの提供方式の相対的位置付けを示しておこう。図9では、タテ軸はサービス提供が公的事業として行われているのか営利事業なのか、ヨコ軸は「集団・施設型」か個別対応の「マッチング型」かである。この図で分かるとおり、ファミリー・サポート・センター事業は、公的事業であることによる一般的な信頼性を持ちながら、個別対応が可能なマッチング型のサービス提供という特徴を持っているのである。

●ファミリー・サポート・センターの仕組み

ファミリー・サポート・センターはどのような仕組みで動くのか。まず、子どもを預けたい人は「依頼会員」として、子どもを預かってもいいという人は「提供会員」として予めセンターに登録する。そのどちらの可能性もある人は「両方会員」として登録する。実際の育児ニーズが発生すると、依頼会員がファミリー・サポート・センターに連絡する。事務局でマッチングを担当する「アドバイザー」ないし「地域リーダー」(7)が、依頼内容に適すると思われる提供会員を選んで依頼会員に紹介する。初めての組み合わせの場合は「事前打ち合わせ」が行われる。センターによっては、この事前打ち合わせにアドバイザーや地域リーダーが同行する。毎回の保育活動終了時には、センターの決まりに従って依頼会員と提供会員のあいだで活動報告書と報酬がやり取りされる。活動内容は、報告書を通じて毎月、当該のファミリー・サポート・センターに報告される。

小林(4)による全国規模のアンケート調査によれば、ファミリー・サポート・センターにおいてサービスが提供される基本活動時間は朝七時から夜七時という場合が多い。基本料金は全国平均で六六三円、子どもが病気の場合や基本活動時間外などの基本外料金は平均八〇〇円である。ちなみに、全国ベビーシッター協会の調査によると、ベビーシッターの基本料金は全国平均で一三九二円である。

ファミリー・サポート・センター事業において、センター設置数が順調に伸びていることはすでに述べた。全国のファミリー・サポート・センターにおける活動件数と総会員数は、一九九九年度から二〇〇〇年度にかけての一年間で、どちらもほぼ三〇%増加している。ファミリー・サポート・センターが提供するサービスに対する満足度を評価する直接

(7) アドバイザーは市町村の職員であるか、または、育児の経験・知識を豊富に有する者が非常勤職員として委嘱されたものである。地域リーダーはサブ・リーダーとも呼ばれており、提供会員や両方会員の中から選任される。地域リーダーは「交通費」が支給される以外、原則無給であるが、センターによっては図書券などが支給される場合もある。アドバイザーは会員間トラブルへの助言を行うが、事故は会員同士で解決することになっている。各センターの安全対策としては「安全チェックリスト」の配付、研修実施などの他に「ファミリー・サポート・センター補償保険」への加入が規定されている。

図9　さまざまな保育サービス提供方式

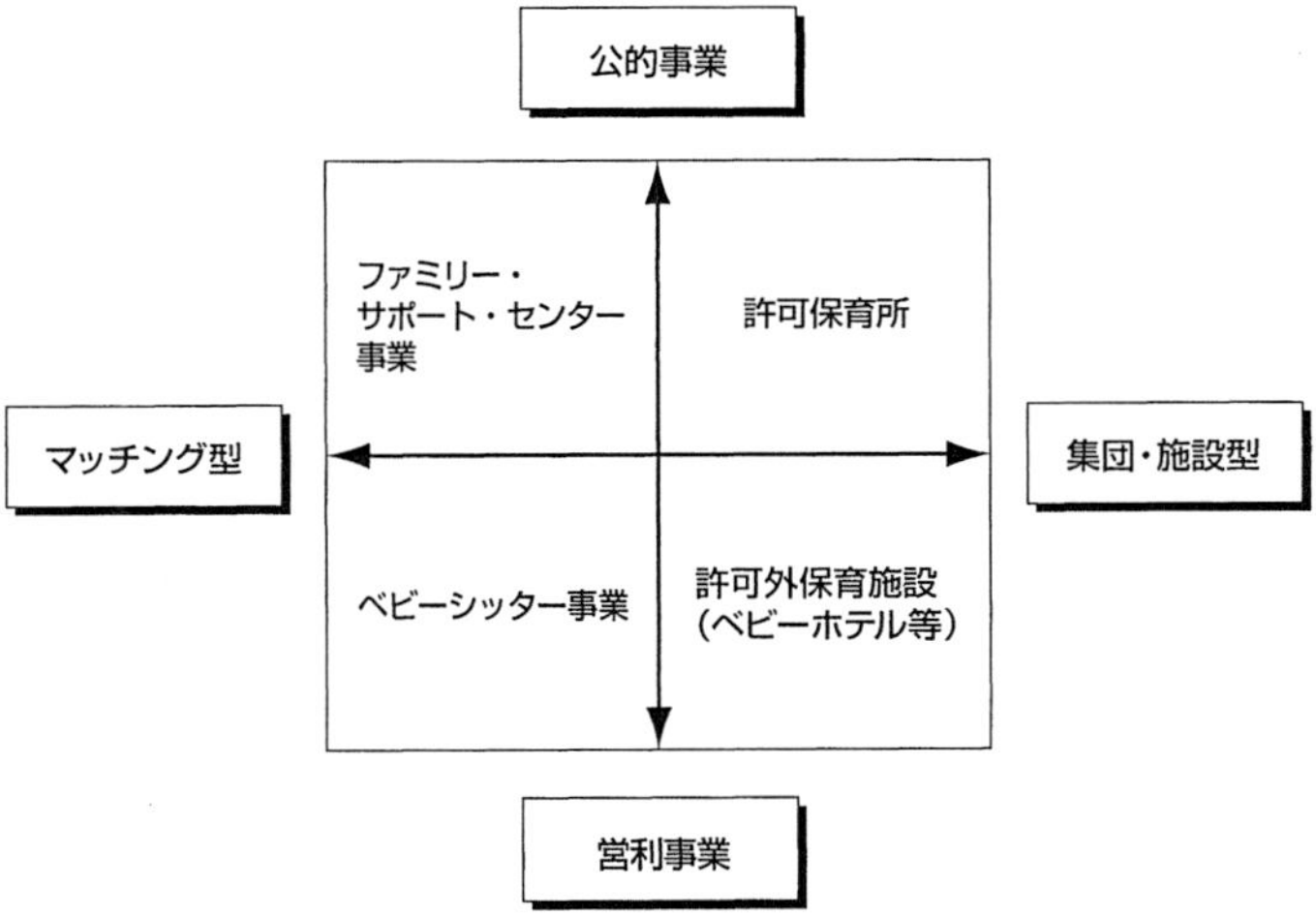

的なデータはない。ある程度の指標として、活動件数を実利用依頼会員数で割った「依頼会員のリピート率」が五・九七で、活動件数を実動提供会員数で割った「提供会員のリピート率」が七・〇四（いずれも全国平均値）である。他の形態のサービスとの比較がないと明確には判断できないが、これらの指標はそれなりの満足度があることを示しているのではないだろうか。

ファミリー・サポート・センターの抱える問題点は何だろうか。全国のセンターを対象にしたアンケート調査によれば、「最大の課題」は「提供会員の不足」（回答の四六％）である。個々のケースをよく調べてみると、単に提供会員数が不足しているということだけではないことが分かる。「提供会員が働ける時間帯が限られている」「提供会員が実際に働ける時間数が少ない」「提供会員が活動を希望する地域が限られている」「提供会員のスキルレベルにばらつきがある」というような意見が聞かれる。

この問題にどう取り組めばいいか。単純に考えると、いつでも仕事ができ、どんなところにでも出向く、スキルレベルの均一な有資格のサービス提供者をもっと多数雇用せよということになる。需要が供給を上回っているのなら、雇用を増やし、利用料金をより高く設定することが経済合理性である。ベビーシッター業など通常の営利企業活動なら、その通りであろう。しかし、それとは、ちょっと違う発想をするところから、コミュニティ・ソリューションが生まれてくるのである。

●サービスの利用者と提供者を切り離さない

全国ベビーシッター協会が行った調査によると、ベビーシッター従事者（以下ではB）とファミリー・サポート・センター提供会員（F）の間でかなりの意識の差があることが分かる。たとえば、「仕事を継続することに困難と感じる理由」として、Bの五四・六％が「収入が低くて不安定」と答えたのだが、同じ答えはFでは三三・三％にとどまっている。また、保育者になった主なきっかけとして、BでもFでも「子供が好きで子供に接する仕事がしたい」という回答が最多数を占めたが、「資格を生かして収入を得る」としたのは、B（三二・五％）の方がF（六％）より顕著に大きい比率になっている。その逆に、「人助けと思って」としたのは、B（四・一％）よりF（一九・九％）のほうが目立って多い。さらに、サービス提供者にとっての「望ましい働き方」はどんなものかと聞かれて、Bでは「フルタイム、パートタイム、登録社員」という回答が七八・九％、「有償ボランティア」という回答が八％なのとは対照的に、Fでは前者が三六・四％、後者が五一・三％となっている。

ファミリー・サポート・センター提供会員は、生活のための収入を得るということだけに活動のインセンティブを見出しているわけではなく、むしろ、自己実現のためや人助けのための地域活動をしているという意識が強いことが推測される。実際、ファミリー・サポート・センターの基本料金単価はベビーシッターの半分以下なのだから、収入が第一の目的なら、ベビーシッター従業者になるであろう。

ファミリー・サポート・センターの「最大の課題」は、提供会員の数が少ないことに加えて、提供会員が希望する活動時間帯や活動地域に制約があり、利用会員とのマッチングが困難だということであった。これは、企業なら困ったことである。しかし、サービス提供者が有償ボランティアとして活動していると考えれば、それらの制約は、ネガティブな意味をもっているものというより、むしろ、いろいろな事情がある中で、限られた時間帯と活動範囲の中でそれぞれが自分なりにできることをして社会にかかわりたいという気持ちの表れであると理解すべきかもしれない。

八王子ファミリー・サポート・センターの提供会員四二名に対して実施したアンケート調査からも、彼女たちが比較的近い距離での活動を希望していることや、提供会員ごとに希望活動時間帯にばらつきがあることが判明した。ある提供会員はインタビューに答えてこう言っている。「自分の家族の世話をしつつ、家庭でできるということでファミリー・サポート・センターの提供会員になりました。ベビーシッターだと仕事として家を空けなければならなくなる。家族の世話をせずに仕事をするという形式だと重荷になってしまう。それでファミリー・サポート・センターの会員になることを選択しました。」

企業活動として保育サービスを提供するのであるなら、サービス提供者を含めた自社の経営リソースをコントロールして、サービス利用者のニーズを十分に満たすということが重要である。何曜日にしか働けないとか自宅から遠い地区には行けないというサービス提供者は困る。一方、ファミリー・サポート・センターを「保育ニーズのみを満たすもの」ということから少し視野を広くとり、地域コミュニティ支援のひとつの方策ととらえてみよう。そうすれば、サービスの利用者も提供者も、どちらも地域住民であり、それぞれの生活上のニーズをできるだけ満たすようにすることこそが望ましいことになる。ちょっと欲張りのようであるが、双方のニーズを尊重するマッチングをするということがファミリー・サポート・センターのミッションだと考えていいのではないだろうか。

企業によるサービス提供の場合は、サービスの提供者と利用者は壁を隔てて、立場が違う、ある意味で利害が相反する存在である。一方、NPOや地域住民のグループなら、かならずしもそうはならない。サービスの提供者と利用者を切り離さないという視点が、コミュニティ・ソリューションにとってひとつの鍵である。ファミリー・サポート・センターにおいて「両方会員」というカテゴリーがあることは、サービスの提供と利用が相反するものとは考えないという象徴かもしれない。前節の公的介護保険のところでも、サービス利用者だけでなく提供者のニーズも併せて受け入れるということが事業型NPOの強みのひとつになっている様子を見た。

全国の高齢者在宅介護NPOの研究をした宮垣は、その論文(2)の中で、サービスの利用者と提供者が現場で発する情報で密接につながり、相互的な関係を形成することがヒューマンサービスが効果的に提供されることの重要なポイントになっていると指摘している。在宅介護支援のNPOの場合、ヘルパーとして働いている人の家族が同じNPOからのサービスを利用しているなど、利用者と提供者が相互浸透しているケースが全体の七割以上の団体に見られるという。そのようなプロセスがあることで、サービス利用者と提供者の間の相互信頼が醸成されるというのだ。

●地道で実質的なコミュニティ活動の積み重ね

ヒューマンサービスにとっては相互信頼が重要である。それを基礎にするのがコミュニティ・ソリューションだ。ファミリー・サポート・センターがその提供会員を増やし、スキルについての研修を行い、活動時間帯や活動範囲を調整しながら依頼会員の多様な保育ニーズにできるだけ対応する努力をすることは、もちろん、大切である。しかし、短期的ニーズの充足だけでなく、より長期的な視点から、育児サービス提供をするだけでなくさまざまな地域活動に関与することが期待される。そうすることによって、コミュニティ全体の「保育力」を高めることになれば、結局はファミリー・サポート・センターにおいてもいい保育サービスが提供できることになろう。

活発な活動でよく知られている市川市ファミリー・サポート・センターでは、さまざまな地域活動メニューが用意されている(8)。「地区交流会」は、八分割された地区ごとに会員相互の親睦をはかることや情報交換を目的に実施される会で地域リーダーを中心として進められている。提供会員、依頼会員、両方会員を問わず全ての会員が参加でき、手遊び、パネルシアター、エアロビクスなどを通して親子が共に楽しむことのできる企画が毎年数回のペースで開催される。

市川市ファミリー・サポート・センターでは、また、いろいろな「プロジェクトチーム」

(8) 地域活動に積極的に関与しているということについては、前節で扱った介護保険NPOでも同様である。ひとつの典型例である九州の都市部にある小規模の事業型NPOでは、毎月一回のフリーマーケット、理事長宅での毎週二回の健康マージャン倶楽部活動、高齢者カラオケ同好会が月に二回、高齢者パソコン講座が週二回行われている。「本業」により関連するものとしては、ヘルパーの養成講座を行い、市の業務委託を受けての「まごころランチ」を土日に九〇食調理し、さらに、市の社会福祉協議会の委託で地域高齢者の「ふれあいの場」の提供をするなど、活動メニューは実に盛りだくさんである。

が結成され、それぞれのコミュニティ活動を推進している。これは、子育て支援という共通の目的の下に集まった会員たちが、「預ける・預かる」という通常業務だけで完結せず、「世代を超えて子育て」をテーマにその他の活動や交流も展開していこうと始まったものである。「できるときに、できることを、できる範囲で」を合言葉に各自が無理をせず、得意なことをできる範囲で行っている。「イベント班」「ぽっかぽか劇場班」「情報班」「通信班」「ぽっかぽか保育班」「活動推進」「会計」という七つの班にわかれてそれぞれの活動が進められている。

また、二〇〇一年度にファミリー・サポート・センターの事務局が移動したことを契機に、事務局に会員の交流スペースを併設した。研修会や会議に利用すると同時に、会員が世代間を越えて交流できる場を作ろうという動きから、交流の場「ぽっかぽか広場」が誕生した。さまざまな年齢層の会員との出会いを創出し、学びあい、相談しあうことができる場を目指している。

このようなさまざまな地域活動を展開しているファミリー・サポート・センターでは、センター活動以外の分野でいくつかの広がりが現れているという。たとえば、日立市ファミリー・サポート・センターでは、地域リーダーを努めた会員（主婦）に、市の障害者施設や保育施設の職員になってほしいと声がかかることが少なくないという。スタッフ曰く。「引き抜かれてしまうことは残念だ。でも、地域の力を育てていく活動に携わることは彼女たちにとっても大きなチャンスだから応援している。」また、市川市ファミリー・サポート・センターの地域リーダーたちは、自宅を開放して子供たちが集うことのできる場を提供したり、住民に呼びかけてファミリー・サポート・センター会員を活用した集団保育の場をつくる運動などを実施しているという。

山形市ファミリー・サポート・センターでは、ファミリー・サポート・センターを超えたインターメディアリーNPOとしての機能を果たし始めているという。山形市は、人口規模二〇万人余であり、さまざまな形の保育依頼がある。山形市ファミリー・サポート・センターでは、アドバイザーは地域内の保育サービスの全体像を把握しており、センターに依頼が来ると、依頼者にとってもっとも良い預け先はどこかという観点から、民間のベビーホテル、障害者施設、家事援助NPOなどいろいろなオプションを推薦している。アドバイザーはこう言っている。

「全ての依頼をファミリー・サポート・センターで受け入れられないことも多いんです。ここでできない場合は、他のいろいろなサービスを紹介するように努めています。たとえば、障害児の受け入れ先としての「はとぽっぽクラブ」、家事援助を行う民間の「わたげの会」、夜間の預かりも対応してくれる21世紀職業財団、緊急の場合などにはベビーホームにもお願いすることもあります。ファミリー・サポート・センター事業を担う上で、私たちアドバイザーは、お母さんにとって何が必要かということを考えていろいろと紹介している。そうして大きくなっていくんだと思います。横の連携をとることが必要です。」

このような地道でかつ実質的な活動の積み重ねによって、地域のソーシャル・キャピタルが高まり、その中で地域全体の保育力とでもいうべきものがついてゆくことになるのであろう。

3 コミュニティ・スクールという選択肢

●コミュニティ・ソリューションの活躍の場

現在、初等中等公立学校システムには年間一〇兆円以上の公費が支出されているものの、そこで提供される「教育サービス」の質については、全国一律となりがちであり、地域や学校ごとのニーズに応えられていない、学校の自律性や責任体制も欠落しがちであるなど、不十分であるとの意見がある。こうした指摘も踏まえ、地域に開かれた学校づくり、民間からの校長の登用、学校選択のための学区の弾力化など、次第に「改革」が進みつつあるが、具体的成果が十分に見えないこともあり、そのスピードも遅すぎるとの指摘もある。

地域の特性やニーズに機動的に対応し、一層特色ある教育活動を促すためには、公立学校全体を一律に競争的環境下に置くというよりも、地域との連携、裁量権の拡大と教育成果等に対する厳格なアカウンタビリティを併わせ持つ、新たなタイプの公立学校（「コミュニティ・スクール（仮称）」）の導入が有効である。

新たなタイプの公立学校である「コミュニティ・スクール（仮称）」の導入については、地域や保護者の代表を含む「地域学校協議会（仮称）」の設置、教職員人事や予算使途の決定、教育課程、教材選定やクラス編制の決定など学校の管理運営について、学校の裁量権を拡大し、保護者、地域の意向が反映され、独自性が確保されるような法制度整備に向けた検討を行うべきである。

これは、内閣府に設置された総理大臣の諮問機関である「総合規制改革会議（議長―宮内義彦）」が二〇〇一年一二月に出した「第一次答申」（★1）の教育分野の一部を引用したものである。この答申は一二月一一日に「最大限に尊重」するとして閣議決定された。

これまで、公立の小中学校といえば、すっぽりと行政管理の網の中に入った存在であった(9)。典型的なヒエラルキー・ソリューションであった学校教育が十分に機能していないとしたら、他の解決法が求められてしかるべきである。実際、諸外国では、すでに学校教育が一部「民営化」されつつある。アメリカでは、一九七〇年代はじめからチャータースクールという公立学校のイノベーションが始まっているが、チャータースクールの運営を営利企業や地域NPOに委託することで成果が上がっているというケースが出てきている。イギリスでは、担当地域の学校がうまくいっていない場合には、日本の教育委員会に相当する行政機関の運営を民間企業に委託してしまうというケースがあったり、教育効果が上がっていないとされる学校にはPFI（民間資金等活用事業）（★2）の手法を導入して民間

(9) 金子郁容、鈴木寛、渋谷恭子『コミュニティ・スクール構想』、岩波書店。

(10) 学校教育が市場に任せるだけではうまくゆかない理由は、本章で見たように、ヒューマンサービスに特有の、①機会均等性、②情報の非対称性、③サービスの不可逆性である。それに加えて、初等中等教育については、集団ルールや社会性を教えるなどの要素があるので、サービスの効果がサービスを受ける人だけでなく社会一般に及ぶということ――経済学でいう「経済外部性」――が存在する。外部性も「市場の失敗」要因として働く。なお、バウチャー制度による「教育の市場化」の議論については、ここでは触れない。

資金を投入するという方策がとられ始めている。

学校教育は、しかし、完全に民営化して、市場と営利企業だけに任せればいいということにはならない(10)。つまり、マーケット・ソリューションだけでは教育問題の解決はむずかしい。そこで登場するのがコミュニティ・ソリューションの可能性である。総合規制改革会議が「導入が有効である」としているコミュニティ・スクールは、これまでの公立学校とはだいぶ感じが違う。その設立や運営に地域コミュニティが深くかかわるものであるようだ。もしそんな学校が実現すれば、これまで見てきた在宅介護や保育のケースと同様、コミュニティ・ソリューションの活躍の場になるかもしれない。

●コミュニティ・スクールとは何か

コミュニティ・スクールは、教育改革国民会議(当時の小渕首相の私的諮問機関)が二〇〇〇年一二月に発表した「最終とりまとめ」のなかで「新しいタイプの公立学校」として最初に提案された(★3)ものである。もとはと言えば、インターネット会議室「教育改革ラウンジ」(★4)におけるオープンな議論の中で、アメリカのチャータースクールやイギリスの「自律的学校運営(Local Management of Schools)」を参考にして生まれてきたアイディアを、本書の著者である金子が教育改革国民会議に提出したことが契機になった。その後、右で引用した総合規制改革会議で「検討を促進すべし」という提案がなされた。それらの提案を受けて、文部科学省は、二〇〇一年一月に発表した「教育新生プラン」(★5)でコミュニ

★1　http://www8.cao.go.jp/kisei/index.htm
★2　http://www8.cao.go.jp/pfi/
★3　http://www.kantei.go.jp/jp/kyouiku/index.html
★4　http://cmode.isis.ne.jp　オリジナル会議室は2002年2月現在で閉鎖されており、再出発した会議室はhttp://www.vcom.or.jpからアクセスできる
★5　http://www.mext.go.jp/a_menu/shougai/21plan/index.htm

ティ・スクールの設置の可能性を検討することとし、また、二〇〇二年度からは、コミュニティ・スクールの考え方を実践研究するモデル校（「新しいタイプの学校運営の在り方に関する実践研究校」）をいくつか設置することになった。

このような経緯で登場してきたコミュニティ・スクールであるが、今のところ、その詳しい内容が正式に決まっているわけではない。今後、文部科学省の中央教育審議会などで検討されることになるのであろう。現在のところ、具体的な提案として出されているのは、本書の著者らによる著書(9)とホームページ(★6)である。詳細はそちらを参照していただくとして、以下では、金子らによる提案を基にして、コミュニティ・スクールがどんなものであるかを、コミュニティ・ソリューションとの関連で見てゆこう。

コミュニティ・スクールとは、自治体が設置し地域コミュニティが自律的に運営する新しいタイプの公立学校で、以下の五つの特徴をもつものである。

一　地域住民が望ましい人を校長として担ぎ出したり、われぞという熱意のある人が校長として名乗りをあげる
二　親や子どもはコミュニティ・スクールについて学校選択ができる
三　教員人事は学校ごとに決める
四　カリキュラム、教材、クラス編制などについては各学校が決める
五　学校の方針や教育活動の成果については情報が開示され、保護者や地域住民の参加が

★6　http://www.vcom.or.jp

保証されている第三者機関（＝地域学校協議会）によってモニターされ評価される

コミュニティ・スクールが従来の公立学校システムと大きく違うのは、地域コミュニティが自分たちの学校を作ったり、実質的な運営に参加したりする可能性があるということだ。また、校長が学校のビジョンや教育方針を明らかにし、それに共鳴する教員を自らリクルートし採用するということも、現行の公立学校システムと大きく違うポイントだ(11)。コミュニティ・スクールは、もちろん、誰でも勝手に自由にやっていいということではない。コミュニティ・スクールの設置に際しては、新しい学校の校長および「学校づくりプラン」が一般公募される。それに対して、自薦・他薦があり、自治体長から委託された機関が審査する。ここで、地域の有志が発起して、地域住民の一定割合以上の署名を集め、市町村長に対してコミュニティ・スクール設置についての検討を請求できる仕組みを作っておくことが望ましい。

コミュニティ・スクールは、一方で住民の参加を制度化し、自律的な学校運営を可能にするために学校長の権限を既存の公立学校に比べてかなり強いものにしているが、他方で、それに対するアカウンタビリティを明確にする。コミュニティ・スクールにおいては、住民のイニシアティブに対して公費を支出することの代わりに、①地域ニーズに応える、②教育方針や教育成果などの情報を開示する、③第三者機関（＝地域学校協議会）による評価を受ける、④校長が一定の結果責任をとる等が求められる。

（11）現行の公立小中学校では、教員は学校長が決めるのではなく、県の教育委員会が一括して採用し学校に配属する。学校長は意見を述べられることにはなっているが、人選などの権限はない。

コミュニティ・スクールの特徴のうち、コミュニティ・ソリューションという視点から鍵になるのが地域学校協議会の存在である。地域学校協議会は、コミュニティ・スクールが設置されるのと同時に自治体長によって設置される。協議会メンバーの人数と構成については、校長や教員代表とともに、地元代表や保護者の代表を一定以上含むものとする。当該自治体の教育委員をある程度含めてもいいだろう。

地域学校協議会のチェック機能は、どのように働くのであろうか。まず、校長は、毎年、学校の教育計画をたて、予算の使途を決めて、地域学校協議会に提示し承認を得る。もちろん、学校から協議会に提出される教育計画などの情報は開示される。また、教職員の採用に関して、校長の決めた人選を地域学校協議会に説明し承認を得ることが必要である。地域学校協議会は、また、学校の教育成果を定期的に評価するという重要な役目ももっている(12)。学校協議会が学校の教育計画や教育成果を不十分であると判断した場合には、校長は改善計画を提出しなくてはならない。繰り返しの求めに改善が見られない場合は、地域学校協議会は、校長を罷免することや、はなはだしい場合は学校そのものの廃止を設置者に勧告できることにする。

校長の計画や人選を協議会が承認することで、校長の決定や行動が独断でなく協議会がバックアップしているものになるということに注意してほしい。つまり、地域学校協議会は、学校にとって一方的に監視されたり命令されたりする機関ではない。従来の公立学校システムにおいては、教育委員会と学校はヒエラルキーの上下関係にあるのに対して、コ

(12) 適切で有効な学校評価の方法は、コミュニティ・スクールだけでなく、早晩、すべての学校について必要になるであろう。いわゆる学力という単一尺度だけでなくいろいろな視点からの複数の評価基準をもつ「当事者参加のプロセス」に基づいた評価ツールの開発が必要だろう。近年、地方自治体などを対象とした「住民参加型」の行政評価の方法論が盛んに研究され、一部で実施されている。その成果も参考になろう。

ミュニティ・スクールでは、学校・学校長にとって地域学校協議会は、相談相手であり、また、よい意味での緊張関係を伴った「支持者」という存在でもあるのだ。

●どんな学校ができるか

コミュニティ・スクールが作られるようになると、どんな学校ができるだろうか。コミュニティ・スクールとしてできそうな学校のいくつかのタイプをあげてみよう。

特色のある学校

「特色のある教育」が昨今のスローガンとなっている感があるが、全国どこにいても同じ教育を受けられるようにということで運営されている通常の公立学校では、おのずと限界がある。はじめから、特徴のある教育をすることを公表し、その方針に賛同する教員と父母が集まってできるコミュニティ・スクールは、当然のことながら、特色を出しやすい。たとえば、ＩＴ教育推進は国策であるが、従来型のアプローチは必ずしも効果が上がっているとはいえない。ＩＴの知識と理解をもった校長が作ったコミュニティ・スクールならきちんとしたプログラムが実施できるだろう。ＩＴ教育推進のために寄付をしたり技術支援をしようという企業やＮＰＯにとっても、方針や責任体制がはっきりせず、校長の権限が限られている通常の学校ではなく、コミュニティ・スクールに協力するほうがやりやすいだろう。

従来の公立学校は、平均値から離れているという意味で、特別なところのある子どもたちにとっては、なかなかいづらい場所であろう。コミュニティ・スクールなら、たとえば、いじめの対象になりやすい子どもたちを集めた学校を作ることも可能だろう。また、たとえば、身体に障害のある子どもとない子どもが日常的に一緒に生活することで、お互いに発見が多く、いたわりの気持ちも学べるという方針をもつ校長や教員グループなら、そのような考えに賛同する親の子どもたちが集まる。いずれにせよ、特色を出したり、子どものスペシャルニーズを考慮した学校を作るには、通常の公立学校よりも、コミュニティ・スクールの方がより現実的であり、合理的である。

公立学校の再編成、および、新規参入

コミュニティ・スクール設置のひとつの典型例は、地域ニーズにより合致した特徴ある教育をするために、公立学校の教員や住民グループが発起して、既存の公立学校の施設をそのまま利用してコミュニティ・スクールとして再出発させるというケースであろう。もちろん、人口増加に伴って公立学校の新設が必要になった地域においては、通常の公立学校としてではなく、コミュニティ・スクールを新設することが選択肢としてある。一方、新規参入の可能性も増えよう。アメリカでは、チャータースクールの運営を委託されるという形でＮＰＯや企業が学校経営に実質上参入するというケースも増えている。日本ではそこまで一足飛びに行かないであろうが、学校経営に熱意とノウハウをもつグループが自

治体や地域コミュニティに協力してコミュニティ・スクールを発案し、運営スタッフやカリキュラムを提供するということは十分にありえる。そのような主体としては、私立学校、不登校児童・生徒の受け入れや先進的な教育で実績のあるフリースクール、インターナショナルスクール、学習塾などが考えられる。

●地域のソーシャル・キャピタルとの連鎖

自分たちが住む地域にいい学校があってほしいという願いは、必ずしも学齢期の子をもつ親だけのものではない地域全体に共通の想いだろう。豊かな自然がある、素晴らしい伝統工芸がある、賑わっている商店街がある、活気のある祭りがある、などと同じように、ないし、それ以上に、いい学校がある地域は、それだけ住む人たちが誇りを感じられ、それだけ住むのに望ましい地域といえるのではないだろうか(13)。

全国各地に住民主導でいろいろなコミュニティ・スクールができるという状況を想像すると、わくわくするものがある。その一方で、コミュニティ・スクールはそう甘いものではない。従来の公立学校なら、住民は黙っていても学校は存在し、運営される。いわば、文句だけ言っていればよかった。コミュニティ・スクールは、そうはいかない。地域の人たち自身が進んで議論し、意見の違いを乗り越え、自治体とも協力関係を結んで、ひとつの形として実現させ、また、学校の運営に関心を持ち続け、自発的に参加しつづける、つまり、「汗をかき続ける」ことなくしては、いいコミュニティ・スクールは存在できない

(13) 実際、イギリスでは、(全国統一テストの結果)「よい公立学校」があるとされた地域の地価が上がったという事例も報告されている。

であろう。
コミュニティ・スクールは新しい考え方に基づくものであるので、「こんなことになったらどうするのか」といろいろと心配する人がいる。ある意味では、そのような心配は当然のことである。コミュニティ・スクールは沢山の課題を抱えている。しかし、そのような課題を、みなができることを分担することで協力し、解決しようというプロセスそのものがコミュニティ・ソリューションなのである。

地域学校協議会という仕組みは、うまく機能すれば、地域参加によって学校がより身近かなものになるだろうし、地域自体も活性化されることになるだろう。一方で、もし協議会がいわゆる地域の「ボス」に牛耳られてしまったらどうなるか。そうでなくとも、学校長と「なれ合い」になってしまったらおかしなことになってしまうだろう。利益誘導しか考えない人と傍観者ばかりではコミュニティ・スクールは成り立たない。よい学校を自分たちで作ってゆこうという地域の人たちの継続的なコミットメントが必要である。

コミュニティ・スクールに対する懸念のひとつに、コミュニティ・スクールは結局のところエリート校を作ることになってしまうのではないかというものがある。実際、アメリカのチャータースクールでは学校格差が広がるという問題も指摘されている。いい学校を選ぶという親は、もともと教育へのある程度の関心があり、一定程度の経済状態にある人なので、新しいタイプの学校には恵まれた家庭の子どもが集まり、本当に助けが必要な子どもたちが取り残されるという状況が生まれる場合があるということだ。社会的格差がアメリカ程ではない日本では、そのような懸念はあまりないであろうが、一方で、進学のための学力ばかりを偏重するような学校ができて、いわゆる受験戦争の弊害を助長することになるかもしれない。極論になるが、もしその地域がそのような学校を望むなら、それもよいであろう。

しかし、一方では、同じアメリカの大都市の貧困地区に小学校と保育園と職業訓練施設を併設したコミュニティ・センターが作られ、地域のNPOが学校経営にあたって成果をあげているという公立学校の例がある。また、サンフランシスコ近郊では、これもNPOが地域の協力によって運営する、有罪判決を受けたか受けそうな高校生に相当する学齢者を対象にしたチャーター・スクールがあり、青少年の更生と社会復帰という観点からも大きな成果をあげているという例もある。

要するに、いい学校ができるかどうかは、その地域次第だということである。

では、「いい」コミュニティ・スクールは「いい」地域にしかできないのであろうか。実は、そうでないところがコミュニティ・ソリューションの面白いところである。第三章のケアセンター成瀬のケースを思い起こして欲しい。二〇年間にわたるさまざまな地域活動の結果、地域には関係性の資産としてのソーシャル・キャピタルが豊富に蓄積され、その力によってケアセンターができた。そして、ケアセンターができたことによって、さらに地域コミュニティの協力的関係が促進された。

本章で見てきた在宅介護と保育の事例でも同様のことが言える。介護であれ保育であれ、企業が提供するような狭い意味でのサービス提供だけでなく、サービスの提供者と受益者が相互にかかわり、関連するサービスをボランタリーベースで提供したり、さまざまな地域活動をする中で住民の間に相互信頼感が高まり、その結果、よりよいサービスが提供されるようになる。それとともに地域全体の「地域力」もついてくる。

コミュニティ・スクールの場合でも同じような連鎖が起こるかどうかが肝心なところである。活発で自発的な地域コミュニティには、それぞれのニーズにあったいいコミュニティ・スクールが誕生するであろうし、いいコミュニティ・スクールを維持し運営するプロセスで、より豊富な地域のソーシャル・キャピタルが蓄積されるという、好循環が生まれるであろう。そのようなプロセスが生まれることこそが、コミュニティ・ソリューションが成立するシナリオである。

あとがき

社会を見回すと、これまでの政府や企業のやり方だけではどうにもうまくいかない問題がわんさとあることに気付く。公的サービスがうまくいかないといって、では全部を民営化したらいいかというと、話はそう簡単ではない。その中で、そのような問題の少なくとも一部を、魅力的なプロセスを作りながらきちんと解決しているボランタリーなコミュニティがそこここに見受けられる。その底流には、時代の変化の大きなうねりがある。それにコミュニティ・ソリューションという名をつけて、ストーリー性を付与して記述できないか、ということでできたのが本書の初版である。一九九九年の春のことであった。

それから十数カ月してみると短期間のうちに状況はだいぶ変った。衝撃的な9・11同時多発テロの影響もあって、グローバリゼーションで世界の問題がすべて解決するという単純な発想は影を潜めた。先の見えない長い不況下で、新しい産業が突然出現することが望めないなか、高齢者ケア、保育、教育など、コミュニティに根ざしたヒューマンサービスに対する期待が高まっている。コミュニティ・ソリューションはその存在感を増している。

今回、本書を大幅改訂する機会を得た。初版は、その時点でもっとも活きのいい時代の先端をとらえたので、取り上げた事例を取り巻く状況は当時からそれぞれかなり変化した。ジュリアン・ファイファーはオルフェウスを離れた。リナックスは「珍しい現象」ではなく日常のビジネス場面の一部となった。有機農産物の表示についてのJAS法が改正されたが、その後、狂牛病騒ぎが起こり、食品の安全についての政府に対する信頼が揺らぐとともに食品表示に対する議論が巻き起こっている。

状況は変化した。しかし、それらの事例が示唆するコミュニティ・ソリューションのコミュニティ・ソリューションたる本質は変っていない。改訂に際しては、明らかに時代に合わなくなった部分だけを修正するに留めた。そのかわり、改訂時（二〇〇二年三月）現在での、最新のコミュニティ・ソリューションの実例を紹介する第五章をつけ加えた。

本書はさまざまな人の助けを借りて成り立っている。オルフェウス創始者のジュリアン・ファイファー氏、ケアセンター成瀬の西嶋公子氏、金田由美子氏、岩崎寿美男・三幸子ご夫妻、アクシス（初版当時）の高橋信子氏らには特にお世話になった。コミュニティ・スクール構想は鈴木寛氏と渋谷恭子氏との共作である。また、本書の内容のかなりの部分は、慶応義塾大学ＳＦＣの金子研究室（通称「ネットコム」）の学生に負っている。博士課程の久保裕也にはオープンソースについてのアドバイスをもらった。宮垣元の博士論文は第五章の肝心なところで引用した。成瀬台のソーシャル・キャピタル、介護保険事業型ＮＰＯ、ファミリー・サポート・センター事業についての部分は、それぞれ、ネットコム卒業生の吉田まみ、松村江美子、小林真咲の修士論文を基にしたものである。

最後に、大幅な改訂を企画していただいたことを含めて岩波書店の岩永泰造さんに感謝の意を表したい。

二〇〇二年三月

金子郁容

■岩波オンデマンドブックス■

新版 コミュニティ・ソリューション
ボランタリーな問題解決に向けて

2002年 4月22日 第1刷発行
2010年 1月15日 第7刷発行
2016年 4月12日 オンデマンド版発行

著　者　金子《かねこ》郁容《いくよう》

発行者　岡本　厚

発行所　株式会社 岩波書店
〒101-8002 東京都千代田区一ツ橋 2-5-5
電話案内 03-5210-4000
http://www.iwanami.co.jp/

印刷／製本・法令印刷

ISBN 978-4-00-730392-0　　Printed in Japan